Ellert & Richter Reiseführer

Fehmarn, Heiligenhafen und Hohwachter Bucht

Frank Thamm

Zeichenerklärung zu den Radtouren und Wanderkarten

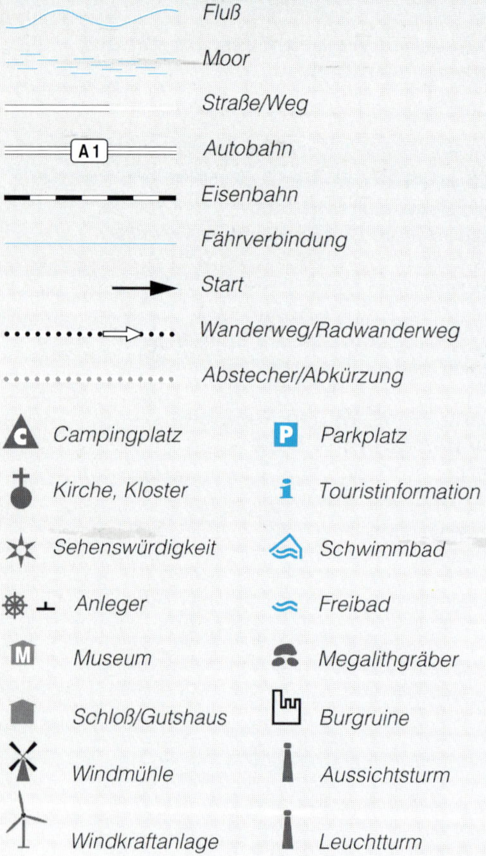

Dieser Reiseführer enthält zahlreiche Radtouren- und Wanderkarten. Um Ihnen die Orientierung zu erleichtern, haben wir in die Karten bestimmte Symbole eingefügt, die oben erläutert sind.

An der Ostsee stößt der Himmel nirgendwo an

Schleswig-Holstein, „meerumschlungen“, konnte in den vergangenen Jahren von allen Bundesländern die größten Zuwachsraten im Fremdenverkehr verzeichnen. Unter den inländischen Reisezielen deutscher Urlauber belegt das nördlichste Bundesland nach Bayern den zweiten Platz. Der Landkreis Ostholstein ist an dieser positiven Entwicklung besonders stark beteiligt. Die Gründe für die guten Zahlen liegen – wie so oft – an Angebot und Nachfrage. Nachgefragt wird von den meisten Feriengästen Erholung in „freier Natur“. Angeboten wird hier eine überaus abwechslungsreiche und liebliche Landschaft:

Neben der facettenreichen Ostseeküste mit ihren herrlichen, meist breiten Sandstränden und reizvollen baumbestandenen Steilküsten finden wir im Hinterland „eine der schönsten Gegenden der Welt. Sanft und hügelig, perfekt geformt, im Wechsel von Äckern und Wiesen, Seen und Flüssen, wogenden Getreidefeldern und leuchtendgelben Rapsflächen, knorrigen Knicks und dunklen Wäldern“, wie die Werbebroschüre einer schleswig-holsteinischen Kurverwaltung zu berichten weiß. Ergänzt wird dieses harmonische Landschaftsbild durch ein reiches Kulturerbe: idyllische Bauerndörfer, historische Gutsanlagen mit stolzen Herren- und imposanten Torhäusern, alte Dorfkirchen und Klöster, jahrtausendealte Hügelgräber, Windmühlen sowie weitere Bau- und Kulturdenkmäler. Zahlreiche Museen und private Galerien, Theater, Freilichtbühnen sowie die alljährlich im Rahmen des „Schleswig-Holstein Musik Festivals“ – zum Teil in Scheunen und unter freiem Himmel – stattfindenden Konzerte sind hier zu nennen.

An der Ostsee stößt der Himmel nirgendwo an

Panoramablick auf die Ostsee im Frühsommer (Standort: Hansühn).

Auch in früheren Zeiten beeindruckte unsere Urlaubsregion. So empfahl Theodor Fontane (1819–1898) schon im Jahre 1863 seiner Familie eine „Badereise“ an die Ostsee: „… man hat Ruhe und frische Luft, und diese beiden Dinge wirken wie Wunder und erfüllen Nerven, Blut und Lungen mit einer stillen Wonne.“
Zu dieser Zeit herrschte am Ostseestrand noch „Zucht und Ordnung“. Da lagen Männlein und Weiblein nicht gemeinsam in knapper Badebekleidung in der Sonne oder gingen gar gemeinsam ins Wasser. Es existierte vielmehr eine Polizeiverordnung, die genau regelte, wann Mann und Frau den Badestrand betreten durften. Am 19. Juni 1890 war diese Verordnung in den Wagrisch-Fehmarnschen Blättern durch den damals noch in Cismar residierenden Amtsvorsteher veröffentlicht worden: „Die durch Pfähle und Tafeln als Badestrand bezeichnete Fläche des Dahmer Ostseestrandes darf während der Badezeit von 8 bis 12 Uhr vormittags und von 3 bis 4 Uhr nachmittags nicht von Herren und von 6 bis 8 Uhr vormittags und von 4 bis 5 Uhr nachmittags nicht von Damen betreten werden.“ Zuwiderhandlungen gegen vorstehende Bestimmungen wurden mit einer Geldstrafe bis zu neun Mark und eventuell sogar Haft bis zu drei Tagen bestraft.
Noch immer finden prominente Reisende den Weg nach Schleswig-Holstein: Der international bekannte Filmschauspieler Armin Müller-Stahl hat ein Häuschen an der Ostsee. Er kommt jedes Wochenende – vorausgesetzt er ist in Deutschland – in den Norden, wo ihn besonders der hohe Himmel begeistert: „Der Himmel! An der Ostsee stößt der Himmel nirgendwo an.“ Und die erfolgreichste deutsche Mode-Designerin, Jil Sander, eine Frau mit ausgewiesenem Geschmack, kommt sogar zum Arbeiten, und „… weil diese Luft mich durchatmen läßt und zu neuer Kreativität anregt“.

Bevor wir nun tief Luft holen und einen kreativen Urlaub gestalten wollen, soll an dieser Stelle Johann Gottfried Seume (1763–1810) zu Wort kommen, der bereits zu Beginn des 19. Jahrhunderts für Reisende einen besonderen Tip hatte: „Wer geht, sieht mehr als wer fährt. Ich bin der Meinung, daß alles bessergehen würde, wenn man mehr ginge. Sowie man im Wagen sitzt, hat man sich sogleich um einige Grade von der ursprünglichen Humanität entfernt.“

Fehmarn, Heiligenhafen und die Hohwachter Bucht: ein Überblick

Im Rahmen der Beschreibungen von Fehmarn, Heiligenhafen und Hohwachter Bucht (Weißenhäuser Strand) berichten wir über den nordöstlichen Winkel des im Jahre 1970 aus den ehemaligen Kreisen Oldenburg und Eutin hervorgegangenen Landkreises Ostholstein. Auf 1.391 Quadratkilometern leben hier knapp 200.000 waschechte oder zugereiste Ostholsteiner.
In der Zeit der Völkerwanderung im 5.–6. Jahrhundert wurde das Land menschenleer. Die germanischen Stämme der Angeln und Sachsen hatten die Gegend verlassen. In den freien Raum sickerte der westslawische Stamm der Wagrier ein. Von ihm hat die Landschaft ihren Namen „Wagrien". Heiligenhafen und Weißenhäuser Strand liegen im eigentlichen Wagrischen Winkel, der Region nördlich und südlich des sogenannten Oldenburger Grabens, eine von Gletschern während der letzten Eiszeit ausgetiefte Rinne. Zur Landschaft Wagriens gehören ferner das Bungsberggebiet mit Schönwalde, die Hohwachter Bucht mit Lütjenburg, die Holsteinische Schweiz mit der Kreisstadt Eutin, das Pönitzer Seengebiet und die Bäderküste an der Lübecker Bucht.
Als Teil des östlichen Hügellandes, welches im Westen von der Städtelinie Flensburg–Rendsburg–Bad Segeberg–Ahrensburg und im Osten von der Ostsee begrenzt wird, verdankt unsere Urlaubslandschaft, wie ganz Schleswig-Holstein, seine Entstehung den Eiszeiten. Während dem Besucher des nördlichsten Ferienlandes der Bundesrepublik südlich des Oldenburger

Das Wahrzeichen der Vogelfluglinie ist die fast einen Kilometer lange Fehmarnsundbrücke. Seit dem Jahre 1963 führt sie in rund zwanzig Metern Höhe über den Fehmarnsund und verbindet so die Ostseeinsel mit dem schleswig-holsteinischen Festland.

Grabens eine ausgesprochen hügelige, abwechslungsreiche Landschaft begegnet, stellt sich ihm Nordoldenburg mit Fehmarn als flache Ebene mit geringen Höhenunterschieden dar. Im Gegensatz zur Holsteinischen Schweiz fehlen hier die typischen Kuppen und Wellen mit den darin eingebetteten Seen.
Der das Landschaftsbild prägende Oldenburger Graben hat eine Gesamtlänge von 22 Kilometern und ist bis zu fünf Kilometer breit. Bei der Frage, ob der westliche Teil des Grabens einst als schiffbarer Zuweg nach Oldenburg genutzt wurde, gehen die Lehrmeinungen auseinander. Anhaltspunkt für eine entsprechende Nutzung ist eine Reisebeschreibung von Thietmar von Merseburg aus dem Jahre 1015 zur damaligen Seehandelsstadt Jumne, dem heutigen Wolin in Polen. Dort heißt es: „… für die Seereise muß man in Schleswig oder Oldenburg zu Schiff gehen, um nach Jumne zu gelangen." Die damalige herausragende Stellung Oldenburgs läßt aber durchaus die Möglichkeit zu, daß ein nahegelegener Hafen, wie etwa Heiligenhafen, zu Oldenburg gezählt worden sein könnte. Eine topographische Karte von 1652 zeigt den Oldenburger Graben jedenfalls auf weiten Strecken als breiten Sund, der die Landschaft Wagriens im Nordosten inselartig von Holstein abtrennt. Diese Trennung wurde durch natürliche Verlandung, zu welcher der Mensch mit Entwässerungsmaßnahmen und Deichbauten in den letzten zwei Jahrhunderten beitrug, aufgehoben. Die Anbindung Fehmarns ans Festland ist allerdings gänzlich von Menschenhand geschaffen, denn seit dem Jahre 1963 führt eine elegante Brücke über den Fehmarnsund. Sie ist das Wahrzeichen und wichtiges Teilstück einer der großen europäischen Verkehrsadern, die auf kürzestem Wege Mitteleuropa mit Skandinavien über die Dänischen Inseln verbindet. Diese Bahn- und Straßenverbindung wird nach der Route der Zugvögel

Vogelfluglinie genannt. Hierzu gehört auch der Fährhafen Puttgarden an der Nordküste Fehmarns. Mit seiner Eröffnung verkürzte sich die Überfahrt zum dänischen Rødby auf Lolland auf etwa eine Stunde. Seit mehreren Jahren ist eine feste Beltquerung in der Diskussion. Inzwischen läuft eine kostspielige vergleichende Untersuchung von Fähreinsatz und trockener Beltquerung. Ein internationales Konsortium aus fünf Beratungsfirmen nimmt dazu die Verkehrsströme auf der Vogelfluglinie, auf den Konkurrenzrouten sowie im Luftverkehr nach Skandinavien unter die Lupe. Hinzu kommen Untersuchungen zur Geologie, zur Technik und zur Umwelt. Das Ergebnis der Analysen und Prognosen soll Anfang 1998 vorliegen.

Entstehung der Landschaft

Ganz Schleswig-Holstein ist ein Produkt kaltzeitlicher Vorgänge. Die Gletscher mehrerer Kaltzeiten (Glaziale) lieferten das Material für die heutige Oberfläche und schufen die groben Züge, während Wasser und Wind anschließend der Landschaft den „Feinschliff" gaben. Eine Abkühlung des Weltklimas um wenige Grad Celsius reichte aus, um in Nordeuropa eine flächige Inlandvereisung auszulösen. Unaufhaltsam dehnten sich riesige Gletscher aus und stießen mehrfach bis in das Gebiet des heutigen Schleswig-Holstein und zum Teil darüber hinaus bis an den Mittelgebirgsrand vor. Nachgewiesen sind drei nach Flüssen benannte Kaltzeiten (Elster-, Saale- und Weichselglazial), in denen mächtige Eispanzer unseren Raum zumindest erreichten bzw. überfuhren und dadurch für Schleswig-Holstein zu „Eiszeiten" wurden. Zwischen diesen Kaltzeiten lagen Zwischeneiszeiten (Interglaziale). In diesen Warmzeiten kam es zu Eisrückzug, Meeresspiegelanstieg, Bodenbildung, Entstehung von Mooren und Seen sowie Wiederbewaldung. Der gesamte Zeitabschnitt, in dem es zu diesem Wechsel von Kalt- und Warmzeiten gekommen ist, wird von den Fachleuten als Quartär (Eiszeitalter) bezeichnet. Heute gehen einige Eiszeitforscher von mehr als den genannten drei Kaltzeiten – die höchste Schätzung liegt bei 25 – innerhalb der letzten rund zwei Millionen Jahre aus.

Auf ihrem Weg nach Süden nahmen die Gletscher gigantische Mengen Gestein und Erdreich auf und lagerten es in unserem Bereich nach teilweise über 1.000 Kilometern Transportweg als sogenannte Moränen wieder ab. Ohne diese mächtigen Schuttablagerungen läge Schleswig-Holstein unter dem Meeresspiegel einer vereinten Nord- und Ostsee. Die älteren geologischen Bauformen wurden im Eiszeitalter praktisch vollkommen verschüttet, so daß die bis zu 500 Meter mächtigen Ablagerungen nur an wenigen Stellen von älteren Gesteinen durchbrochen werden. Der Kalkberg in Bad Segeberg und der Buntsandsteinfelsen von Helgoland sind Beispiele für die insgesamt sieben an der Oberfläche Schleswig-Holsteins sichtbaren „geologischen Fenster".

Ebenso abenteuerlich wie die Entstehungsgeschichte anmutet waren auch die ersten Deutungsversuche derselben. So glaubten die Forscher noch im vorigen Jahrhundert, daß die riesigen Steine (Findlinge) in der Landschaft, erkennbar skandinavischer und finnischer Herkunft, von explodierenden Vulkanen zu uns geschleudert wurden. Nach anderer Ansicht waren die Findlinge während einer nordischen Eiszeit in Meereis eingefroren und schwimmend an die Küste der südlichen Ostsee gelangt. Erst später entdeckte man, daß im Vorfeld heutiger Gletscher (z. B. auf Island) die gleichen Ablagerungen wie in Norddeutschland vorkommen.

Der schwedische Forscher Otto Torell wies überdies bei Berlin gekritzte Gesteinsflächen nach, die nur von Gesteinsschutt herrühren konnten, der an der Basis gewaltiger Gletscher mit ungeheurem Gewicht über den anstehenden Fels schrammte. So wurde die Theorie der Eiszeiten begründet. Die Erkenntnis, daß riesige Inlandgletscher für den Materialtransport verantwortlich waren, verlangte tatsächlich eine Menge Phantasie und ist erst seit 100 –125 Jahren anerkannt. Sie setzte sich nur allmählich und nicht ohne Widerstand durch, was folgendes Goethe-Zitat illustrieren möge:
„Zuletzt wollten zwei oder drei stille Gäste sogar einen Zeitraum grimmiger Kälte zu Hülfe rufen und aus den höchsten Gebirgszügen auf weit ins Land hingesenkten Gletschern gleichsam Rutschwege für schwere Ursteinmassen bereitet und diese auf glatter Bahn fern und ferner hinausgeschoben im Geiste sehen. Sie sollten sich, bei eintretender Epoche des Auftauens, niedersenken und für ewig in fremdem Boden liegenbleiben. [...] Diese guten Leute konnten jedoch mit ihrer etwas kühlen Betrachtung nicht durchdringen." (J. W. Goethe, Wilhelm Meisters Wanderjahre, 2. Buch, 9. Kapitel, 1829).
Für die heutige Oberflächenform von Fehmarn und der wagrischen Halbinsel sowie das hügelige Gepräge des restlichen Ostholsteins war das Weichselglazial (von etwa 115.000 bis vor 10.000 Jahren) maßgeblich. Die westlichste Eisrandlage dieser letzten Kaltzeit ist in unserem Raum bei der oben genannten Städtelinie zu suchen. Die älteren Moränen der Saale- und Elsterkaltzeit wurden nivelliert und die sogenannten Jungmoränen abgesetzt.
Infolge von Temperaturschwankungen hat der Eisrand in mehreren Vorstößen und Rückzügen – die Fachleute sprechen von oszillierenden Eisrandlagen – die Moränen zerstört, erhöht, umgeformt und gestaucht. Dieser

glaziale Schutt- und Ablagerungswirrwarr ließ so manchen Kartierer schier verzweifeln. Der Geologe W. Wolff, der zu Anfang unseres Jahrhunderts den Raum um Ahrensburg geologisch bearbeitete, verlieh seiner Verzweiflung Ausdruck, indem er 1915 dichtete (Anmerkung: Diluvium = ältere Bezeichnung für Quartär):

Diluvium, Diluvium!
Warum erschuf dich Gott, warum
So lahm und krumm, so sinnlos dumm?

Ein Gletscher wälzt sich übers Land,
Bracht mit sich Steine, Lehm und Sand,
Erstickt im eigenen Dreck und schwand.

Nichts blieb zurück als nur der Dreck,
Den zu kartieren Fleck für Fleck,
Das wurde meines Lebens Zweck.

Und wand'r ich ins Revier hinaus,
So laß ich meinen Kopf zu Haus,
Mit Stift und Beinen komm ich aus!

Wer hilft mir nun, mir armen Tropf?
Was fang ich an mit meinem Kopf?

Nach dem allgemeinen Rückzug des Eises hat der sogenannte Fehmarnvorstoß ein letztes Mal die Halbinsel Wagrien überfahren. Im Gegensatz zu allen anderen Vereisungsphasen stieß das Eis diesmal nicht von Norden sondern überwiegend von Osten vor. Da Eisrückzugsstaffeln (= Eisrandlagen) fehlten bzw. das Eis aufgrund einer zügigen Klimaverbesserung flächenhaft schmolz, entstand hier eine flache Moräne. Das Material (Geschiebemergel) dieser Grundmoräne ist unsor-

tiert und enthält alle Korngrößen (Stein, Kies, Sand und Ton). Dem Kalkreichtum des Geschiebemergels verdankt die flache Grundmoränenlandschaft ihre hohe ackerbauliche Ertragskraft.
Die Nacheiszeit (Holozän) begann in Schleswig-Holstein vor etwa 12.000 Jahren. Der Meeresspiegel der Nord- und Ostsee stieg allmählich an; vorwiegend durch Schmelzwasserzufluß, teils durch Landsenkung in unserem Raum. Vor etwa 7.500 Jahren erfolgte dann der Wassereinbruch in die Lübecker Bucht. Die heutige Zweimetertiefenlinie wurde etwa vor 4.000 Jahren vom Wasser überschritten. Um diese Zeit herum wurde Fehmarn zur Insel.
Durch Wellen und Wind wurden bzw. werden die Moränen von See her angeschnitten. Die bis über 20 Meter hohen Steilküsten sind quasi Schnittflächen durch eiszeitliche Jungmoränen. Bei der stetigen Zurückverlegung der Kliffs wird durch den Wellenschlag eine große Menge sandigen Materials aufbereitet und durch küstenparallele Strömung in die benachbarten Buchten transportiert. Sand und Geröll werden hier, nach Größe geordnet, wieder abgelagert. Auf dem Strand werden unter anderem aus diesem Material bis zu drei Meter hohe Strandwälle gebildet. An vorspringenden Küstenpunkten entstehen daraus als erste Anlandungsformen Strandhaken oder Nehrungshaken. Diese können in Strömungsrichtung so weit wachsen, daß sie als Nehrungen Buchten abriegeln, die dadurch zu Strandseen werden.
Dieser Mechanismus führt zur sogenannten Ausgleichsküste, der typischen Küstenform der schleswig-holsteinischen Ostsee: Ein ursprünglich zerlapptes Meeresufer wird „begradigt“. Diese Vorgänge sind im Küstenbereich Fehmarns und Ostholsteins aufgrund der hier vorherrschenden Zusammenhänge zwischen

Kliffausrichtung und Wind- und Strömungsrichtungen besonders wirksam und bereits weit fortgeschritten. Dies beeinträchtigt zwar die ursprünglich guten Verkehrs- und Hafenbedingungen, bietet andererseits aber eine wesentliche Voraussetzung für die Nutzung dieser Küstenregion durch den Fremdenverkehr. Der Kliffrückgang an der Ostseeküste kann übrigens je nach Anlaufstrecke des Windes über das offene Meer (der sogenannte Fetch) über einen Meter pro Jahr betragen. Der Durchschnittswert liegt glücklicherweise nur bei 20 Zentimetern pro Jahr.
Im Gegensatz zur Nordseeküste bilden sich Dünen nur an wenigen Abschnitten der Ostseeküste. Sie entstehen ausschließlich unter Beteiligung von Sand festhaltenden Pflanzen an Stellen mit ausreichender Sandzufuhr und vorherrschend auflandigen Winden.
In naher Zukunft soll in Kreuzfeld bei Malente ein Eiszeitmuseum entstehen. In diesem neuen Museum werden eiszeitliche Vorgänge, die Entstehung Norddeutschlands und Geschiebe (Findlinge) erläutert und gezeigt. Schon heute lockt ein einzigartiger Findlingsgarten (1995 eröffnet) mit schweren Brocken. Hier finden wir bei freiem Eintritt den zweitgrößten Findling, der in Schleswig-Holstein gefunden wurde: Der sogenannte Wandhoff-Findling wiegt 126 Tonnen und ist etwa zwei Milliarden Jahre alt.
Auskunft erteilen:
Frank Rudolph
Achtern Höven 6
24601 Wankendorf
oder
Lutz Förster
Eichkamp 35
24227 Malente.

Fehmarns Steilküsten liegen an der Nordost- und Südostküste sowie an einigen Abschnitten der Südküste. Hier im Südostzipfel Fehmarns fand der bekannte Expressionist Ernst Ludwig Kirchner am Anfang des 20. Jahrhunderts seine Motive.

Von Pflanzen, Tieren und Steinen

Nach der Lektüre dieses Kapitels wird der naturinteressierte Urlauber zwar nicht alle an den Küsten der wagrischen Halbinsel vorkommenden Pflanzen- und Tierarten bestimmen können, aber er wird wissen, daß nicht jeder weiße Vogel eine „Seemöwe" und nicht alles, was am Strand läuft, ein „Strandläufer" ist. Uns sollen hier nur küstenspezifische Pflanzen und Tiere interessieren. Zu der sonst auch im Binnenland vorkommenden Tierwelt wollen wir nur folgendes sagen: Auf Fehmarn gibt es weder Maulwürfe noch Schlangen oder Eichhörnchen.
An der Ostseeküste lebt eine Pflanzenwelt, die dem Urlauber von zu Hause her unbekannt ist. Da der Boden durch Überflutungen einen hohen Salzgehalt aufweist, und der Wind ständig den Sand auffliegen läßt, leben hier nur solche Pflanzen, die sich an diese schwierige Umgebung anpassen können. Von den sehr zahlreichen Pflanzenarten, die parallel zur Küste in typischer Zonierung auftreten, können wir hier nur einzelne nennen. In vorderster Front am Strand (Spülsaum) wachsen neben einigen Meldearten (Strand- und Spießmelde, Gänsefuß) Salzmiere, Salzkraut und Meersenf. Dahinter, auf den Strandwällen, stehen Rotschwingel, Schafgarbe, Strandroggen, Tataren-Lattich, Echtes Labkraut, Mauerpfeffer, Meerkohl und die unter Naturschutz stehende Stranddistel.
An einigen Stellen entstehen durch zeitweilig eindringendes Seewasser sogenannte Salzwiesen mit Pflanzen, wie sie sonst nur an der Nordseeküste anzutreffen sind: In den unteren Bereichen gedeiht der besonders salztolerierende Queller; darüber hinaus in den länger wasserfreien Bereichen Strandbeifuß, Strandaster, Salzaster, Strandflieder und Strandnelke. Stellenweise sind

hier auch das im Bestand bedrohte Tausendgüldenkraut, Salzbunge, Natterzunge und Erdbeerklee zu finden. Schließlich entdeckt man im äußeren Bereich der Salzwiesen, wo die Standortbeeinflussung durch Salz geringer wird, Brackwasser-Röhrichte, die als Hochstaudenfluren mit Großem Engelwurz, Sumpfgänsedistel und Salzmalve ausgebildet sein können.
Die für den Binnenländer zunächst auffallendsten Küstenvögel sind gewiß die Möwen. An der schleswig-holsteinischen Ostseeküste gibt es fünf Möwenarten, die häufig vorkommen: Sturmmöwe (Schnabel und Beine grünlichgelb, Schnabel ohne roten Punkt), Lachmöwe (Schnabel und Beine rot, im Prachtkleid dunkel, dann schokoladenbraune Maske), Silbermöwe (Schnabel gelb mit rotem Fleck am Unterschnabel, Beine fleischfarben, gelbe Augen), Heringsmöwe (wie vorherige, jedoch Rücken und Flügel schwarz, Beine gelb) und Mantelmöwe (größte Möwe an der Ostseeküste; Schnabel gelb mit Fleck, Beine rosa). Wir können sie schon anhand ihrer Größe auseinanderhalten. Während junge Möwen braungefleckt und nur schwer voneinander zu unterscheiden sind, tragen erwachsene Möwen immer ein helles Gefieder. Von den Möwen gilt die Sturmmöwe als Charaktervogel der Ostsee. Der Name der Lachmöwe hat übrigens nichts mit ihrem Humor zu tun, sondern geht auf das lateinische lacus = See zurück.
Die ebenfalls silbergrauen Seeschwalben unterscheiden wir von den mit ihnen verwandten Möwen durch ihre schmaleren Flügel und den gegabelten Schwanz. Zudem tragen sie auf der Kopfplatte meist eine schwarze Kappe. Wenn sie gemeinsam mit Möwen auf Buhnen sitzen, können wir sie auch an ihren kürzeren Beinen erkennen. Die Seeschwalben gehören zu den ausdauerndsten Langstreckenfliegern der Erde. An der Ostsee können wir Zwergseeschwalben (Beine gelb, Schnabel

gelb mit schwarzer Spitze; immer helle Stirn), Flußseeschwalben (Beine rot, Schnabel rot mit schwarzer Spitze), Küstenseeschwalben (Beine rot, Schnabel rot ohne schwarze Spitze), Brandseeschwalben (Beine schwarz, Schnabel schwarz mit gelber Spitze) und Trauerseeschwalben (Schnabel grau) beobachten.
Die auffälligsten Vertreter der Watvögel (Limikolen) – sie heißen nicht so, weil sie im Watt leben, sondern weil sie mit ihren meist langen Beinen waten – an der Ostseeküste sind: Austernfischer (Oberseite schwarz, Bauch weiß, langer Schnabel und kurze Beine rötlich), Kiebitz (markanter Federschopf am Hinterkopf; „Vogel des Jahres 1996“), Sandregenpfeifer (kleine, kurzbeinige Art, schwarzweiße Kopfzeichnung, schwarzes Brustband, Schnabel gelb mit schwarzer Spitze), Großer Brachvogel (Gefieder braun und grau gemustert, sehr langer, gleichmäßig abwärts gebogener Schnabel), Uferschnepfe (rostbraunes Gefieder, langer, gerader bis leicht nach oben gebogener Schnabel) und Säbelschnäbler (schwarzweißes Gefieder, lange Beine, Schnabel wie ein Säbel aufwärts gebogen). Ferner trifft man noch Rotschenkel (graubraunes, hell und dunkel gesprenkeltes Gefieder, lange, rote Beine), Alpenstrandläufer (rostbraune Oberseite, schwarzer Bauchschild, schwarze Beine, schwarzer Schnabel leicht abwärts gebogen) und Bekassine (braun gemustertes Gefieder, dunkle Kopfstreifen, sehr langer Schnabel).
Für die Steilküsten sind die Uferschwalben charakteristisch. Hier graben sie sich über einen Meter tiefe Wohnröhren in die Wände. Als Zugvogel ist die Uferschwalbe allerdings nur in den Sommermonaten in unserer Ferienregion zu beobachten.
Da die meisten Küstenvögel ihre häufig perfekt getarnten Eier in den Sand oder in Mulden legen, finden diese oft ein vorzeitiges Ende unter den Schuhsohlen von

Ein Gast in jedem Ostseehafen: die Heringsmöwe.

Erkennungsmerkmal des Austernfischers: der rote Schnabel.

Spaziergängern. Am kämpferischen Verhalten oder ängstlichen Rufen der Altvögel kann der Wanderer jedoch merken, daß er sich Eiern oder Küken zu sehr genähert hat. Er sollte sich dann schnellstens entfernen und bei jedem Schritt darauf achten, daß er kein Gelege zertritt. Am besten ist es natürlich, wenn die markierten Wege nicht verlassen werden.
Weil bei einer Strandwanderung auch geologische Fragestellungen interessant sind, wollen wir an dieser Stelle auch einen kleinen gesteinskundlichen Exkurs einflechten. Wer sich beim Strandspaziergang bückt, einen Stein in die Hand nimmt und näher betrachtet, wird meist schon mit bloßem Auge sehen, daß er aus mehreren, zwar gleichmäßig verteilten, aber untereinander verschiedenen Bestandteilen besteht. Diese Bestandteile der Gesteine werden als Minerale bezeichnet. Ein Mineral ist ein in sich einheitlicher, natürlich entstandener Teil der Erdrinde. Die meisten Minerale haben eine bestimmte Kristallform. Die bekannten Minerale Feldspat, Quarz und Glimmer entstehen hauptsächlich im Erdinneren aus glutflüssigen Schmelzen und Gasen. Die Gesteine werden nach der Art ihrer Entstehung in drei Hauptgruppen klassifiziert: Erstarrungsgesteine (Magmatite), Absatzgesteine (Sedimente) und Umwandlungsgesteine (Metamorphite).
Magmatite entstehen aus dem glutflüssigen magmatischen Material des Erdinneren. Erstarrt das zähflüssige Magma in der Tiefe der Erdrinde, entstehen grobkörnige Plutonite (z. B. Granit). Gelangt das gleiche magmatische Material mit Hilfe vulkanischer Kräfte bis zur Erdoberfläche, so bilden sich feinkörnige Vulkanite (z. B. Basalt, Diabas). Zu allen Plutoniten gibt es entsprechende Vulkanite. Sedimente (z. B. Sandstein) entstehen durch Ablagerung von Gesteinsresten auf dem Festland oder im Meer. Metamorphite (z. B. Marmor,

Ein Kiebitz im Wasservogelreservat Wallnau.

Der Säbelschnäbler ist ein unverwechselbarer Watvogel.

Gneis) waren ursprünglich Magmagesteine oder Sedimente, die in der Erdkruste infolge hoher Temperaturen und großer Drucke umgewandelt worden sind. Die Umwandlung (Metamorphose) ist in der Regel so stark, daß man nicht mehr erkennen kann, um was für ein Gestein es sich ursprünglich gehandelt hat. Durch die Umwandlung entstehen Streifen, die ein wesentliches Erkennungsmerkmal z. B. der Gneise sind.
Plutonite und Vulkanite, die man im allgemeinen daran erkennt, daß sie keine Streifung oder Schichtung aufweisen, haben mit ca. 95 Prozent den größten Anteil der Gesteine am Aufbau der Erdkruste. Die bekanntesten Plutonite sind die Granite. Zwar können sie bläulich, gelblich, rötlich, grünlich oder grau sein, bestehen tun sie aber alle im wesentlichen aus nur drei Mineralen: „Feldspat, Quarz und Glimmer, die drei vergeß ich nimmer" heißt der Lernvers über die Zusammensetzung des Granits. Die Feldspate sorgen für die verschiedenen Farbtönungen. Der dem Granit entsprechende Vulkanit ist der sogenannte Quarzporphyr („Speckwürfelstein"). Die Gesteinskundler sprechen von porphyrischer Struktur, wenn einzelne, vollentwickelte Kristalle in einer dichten Masse (kleine Kristalle) liegen.
Oben haben wir erfahren, daß die meisten der in Schleswig-Holstein anzutreffenden Gesteine (Geschiebe) aus den nordischen Ländern stammen und erst mit dem Inlandeis zu uns kamen. Geschiebe, deren Herkunftsort infolge ihrer besonders typischen Zusammensetzung rekonstruierbar ist, werden als Leitgeschiebe bezeichnet. Auch in unserer Urlaubsregion kann man z. B. den Rhombenporphyr, Kinnekulle-Diabas und Rapakiwi-Granit finden, die aus dem Oslofjord (Norwegen), aus Schweden bzw. von den Åland-Inseln (Südfinnland) stammen.
Weit verbreitet ist der gewöhnlich in dänischen Kalkge-

steinen entstandene Feuerstein (Flint). Das aus Quarz bestehende Gestein erscheint uns überwiegend als mit einer weißen Haut überzogene schwarze Steinknolle. Die weiße Kruste ist kein Kalk, sondern besteht aus Opal (Quarz und Wasser). Im Flint sind Versteinerungen häufig sehr gut erhalten. Die Flintknollen splittern, wenn man sie kräftig auf einen anderen Stein schlägt (siehe S. 28 oben).
Der honiggelbe bis rötliche Bernstein ist ein versteinertes, fossiles Baumharz und mindestens 35 Millionen Jahre alt. Das zu Bernstein gewordene Harz stammt vermutlich von Bäumen, die vor etwa 40 bis 50 Millionen Jahren im Gebiet der heutigen Ostsee standen. Den ebenfalls gelben Flint unterscheiden wir vom brennbaren Bernstein durch die Sinkprobe: zwei Löffel Salz in einem Gefäß auflösen und die Steine hineingeben. Quarz sinkt nach unten, Bernstein schwimmt an der Oberfläche. Eine weitere Probe: Bernstein, schnell an Wolle gerieben, lädt sich elektrisch negativ auf; er zieht dann Fussel oder winzige Stückchen Zellstoff an. Bernstein liegt aufgrund seiner Entstehungsgeschichte häufig mit schwarzem, „verkohltem" Holz vergesellschaftet am Spülsaum der Küste im Wasser.
Wer Gesteine am Strand fotografieren möchte, sollte sie vorher anfeuchten, um so die Farbintensität der Gesteinsoberfläche zu erhöhen. Im übrigen sollte man bei der Gesteinsbestimmung nicht verzweifeln. In einem Bestimmungsbuch können wir lesen: „Steine zu bestimmen, ist etwas anderes, als Pflanzen zu bestimmen. [...] In gewissen Problemfällen bleibt einem nichts anderes übrig, als den fraglichen Stein wegzuwerfen."

Feuersteine (Flint): mit weißer Kruste (links) und frisch gebrochen.

Feldspat, Quarz und Glimmer: Granite.

Kulturgeschichtliches auf einen Blick

Schon bald nach dem Abschmelzen der letzten Inlandvereisung vor etwa 12.000 bis 15.000 Jahren – mithin in der Altsteinzeit – dürften nomadisierende Rentierjäger Teile der tundraähnlichen Landschaft unseres Gebietes bevölkert haben. In der Mittleren Steinzeit (um 5.000 v. Chr.) begannen seßhafte Bauern nach Rodung einzelner Siedlungskammern mit der Feldwirtschaft. Handel und Gewerbe mit Flint, Keramik und Bernstein (das „Gold des Nordens") kamen hinzu.
Steinkammergräber („Hünengräber") sind Zeugnisse jungsteinzeitlicher Besiedlung. Die meisten von ihnen sind schon lange zerstört (teilweise wurde das Material für den Straßenbau oder zur Fundamenterstellung von Gebäuden verwendet). Diese Zeugnisse von der Zeit um 3.000 v. Chr. finden wir auf Fehmarn zum Beispiel bei Albertsdorf, auf dem Hinrichsberg (in der Nähe des Leuchtturms Staberhuk) und bei Katharinenhof (bei Staberdorf). Während eine bronze- und eisenzeitliche Besiedlung der wagrischen Halbinsel durch entsprechende Grabfunde belegt ist, sind diese Funde auf Fehmarn seltener.
Zu Beginn des 8. Jahrhunderts stießen slawische Stämme von Mecklenburg aus in den ostholsteinischen Raum vor, der sich im Rahmen der Völkerwanderung im 5. und 6. Jahrhundert entleert hatte und seither vom Wald zurückgewonnen worden war. Die Slawen siedelten bevorzugt an Fluß- und Seeufern auf leichten Böden, die sie mit ihren hölzernen Hakenpflügen bearbeiten konnten. Zeugnisse dafür sind zahlreiche Burgen und Burgwälle. Beim heutigen Oldenburg i. H. trafen sie auf aus der Völkerwanderungszeit verbliebene germanische Bevölkerung, die sich hier zu ihrem Schutz zwischen 650 und 680 n. Chr. eine Wehranlage errich-

tet hatte. Um 700 ist diese Wehranlage von den Slawen überbaut und vergrößert worden. Funde von germanischer und slawischer Keramik nebeneinander lassen es als wahrscheinlich gelten, daß die zahlenmäßig geringe germanische Bevölkerung in der slawischen aufgegangen ist. Die Slawenburgen – z. B. Burg und Puttgarden auf Fehmarn – waren Sitz kleiner Gaufürsten und wurden nicht nur – wie die Burgen der Sachsen – als Fluchtburgen genutzt. Starigrad (Oldenburg) wurde zum Hauptort der Wagrier.
Durch seine exponierte Lage war Fehmarn für die Seeräuberei förmlich prädestiniert und daher als Piratennest berüchtigt. Der Chronist Adam von Bremen schrieb im Jahre 1076 in seiner hamburgischen Kirchenchronik: „Diese Insel ist voll von Seeräubern und den blutigsten Banditen, die keinen schonen, der über das Meer fährt, denn alle, die andere zu verkaufen pflegen, erschlagen sie."
Mit der Kolonisierung und kreuzzugartigen Christianisierung wurden die Slawen durch Adolf II. von Schauenburg, Graf von Holstein und Stormarn, im 12. Jahrhundert verdrängt bzw. gingen in der nachfolgenden Bevölkerung auf. Diese einwandernden Pioniere waren vermutlich Holsteiner, Friesen, Dithmarscher, Niedersachsen und Dänen. Die großen Kirchenbauten der wagrischen Halbinsel und Fehmarns sowie die Burg Glambeck sind sämtlich in der Aufbauphase, die der Kolonisation folgte, entstanden.
Das Bundesland Schleswig-Holstein ist im Laufe der Jahrhunderte aus zwei Territorien hervorgegangen, von denen eines zum Dänischen, das andere zum Deutschen Reich gehörte. Auf diese Landbrücke zwischen Mitteleuropa und dem skandinavischen Raum wirkten sowohl von Norden als auch von Süden her mannigfaltige Kräfte ein, deren Aufeinanderprallen mehrfach zur

Verschiebung der territorialen und kulturellen Grenzen führte und die verworrene Geschichte Schleswig-Holsteins begründete. Von den komplizierten Vorgängen um die schleswig-holsteinische Staatsbildung im Verhältnis zum Königreich Dänemark blieben auch Fehmarn und die wagrische Halbinsel nicht verschont. Der immerwährende Machtkampf unter den Herrschern machte die Region wiederholt zum Schauplatz blutiger Kämpfe. Der gravierendste für die fehmarnsche Bevölkerung ereignete sich, als der dänische König Erich der Pommer Fehmarn eroberte, wenig später von den Holsteinern vertrieben wurde, im Jahre 1420 jedoch die Insel erneut besetzte und an den Fehmaranern grausame Rache nahm (eine Sandsteintafel an der Burger Kirche erinnert daran). Darauf folgte eine neuerliche Einwanderungswelle von Bauern auf die nunmehr fast menschenleere und geplünderte Insel.

Im Jahre 1435 ging es dann der dänischen Krone finanziell so schlecht, daß sie Fehmarn bis 1490 an die Stadt Lübeck verpfändete. Die neuen Landesherren hielten die Bürger für mehrere Jahre von Steuern frei, um den Wiederaufbau zu ermöglichen. Schiffahrt, Handel und Landwirtschaft, aber auch das Piratenwesen lebten wieder auf. Diesmal waren es die Vitalienbrüder, eine Seeräuberbande, die im 14. Jahrhundert die nordischen Gewässer beunruhigte, die die Insel als Stützpunkt für ihr Unwesen nutzten und zeitweise sogar mit den Burgherren von Glambeck in Burgtiefe paktierten.

In der letzten Phase des Dreißigjährigen Krieges wurde Fehmarn abermals stark verwüstet. Diesmal von den Schweden, die nach einem Seegefecht mit den Dänen im Sommer 1644 in der Nähe von Puttgarden landeten. Sie wurden jedoch bereits nach wenigen Tagen durch den Dänischen König Christian IV. vertrieben. Er soll mit seinem Flaggschiff „Dreifaltigkeit“ höchstpersön-

lich in die Schlacht eingegriffen und im Laufe des Gefechts ein Auge sowie einige Zähne eingebüßt haben. So gelangte Fehmarn zum Herzogtum Schleswig, das damals zu Dänemark gehörte.
Die zweite Hälfte des 18. Jahrhunderts brachte Wohlstand und ruhigere Zeiten. Die landwirtschaftlichen Produkte wurden gut bezahlt, Handel und Seefahrt blühten. Der relative Wohlstand der Fehmaraner führte dazu, daß recht opulent und kostspielig gelebt wurde, daß pompöse Feste gefeiert wurden und die Menschen sich kostbar kleideten. Später bezeichnete man im Volksmund diese Epoche als „Vollbukstid“ (Vollbauchzeit).
Nach dem Krieg gegen Preußen wurde Dänemark im Jahre 1864 gezwungen, seine Hoheitsrechte in Schleswig, Holstein und Lauenburg an Preußen und Österreich zu übertragen (Wiener Frieden vom 30. Oktober 1864). Das von den Dänen besetzte Fehmarn war vorher unter der Führung des Heiligenhafener Fischers Friedrich Stüben in der Nacht zum 16. März von Heiligenhafen und Großenbrode aus erobert worden. Im September 1867 wurden Schleswig und Holstein und damit Fehmarn sowie die wagrische Halbinsel preußisch und im gleichen Zuge nach Herstellung der Reichseinheit 1871 deutsch.
Das bis dahin gültige fehmarnsche Landrecht von 1320 mußte der preußischen Verwaltung weichen. Es hatte den Bewohnern weitgehende Freiheiten in der Selbstverwaltung eingeräumt und garantierte die Gleichheit aller Insulaner vor dem Gesetz. Die sogenannte „confirmatio libertatis“ von 1617 untersagte den Verkauf von „liegenden Gründen und stehenden Stöcken“ an Adlige. Aus diesem Grunde gab es auf Fehmarn – anders als auf dem Festland jenseits des Sundes – weder adlige Güter noch Leibeigenschaft. Letztere wurde erst am 1. Januar 1805 in ganz Schleswig-Holstein abgeschafft.

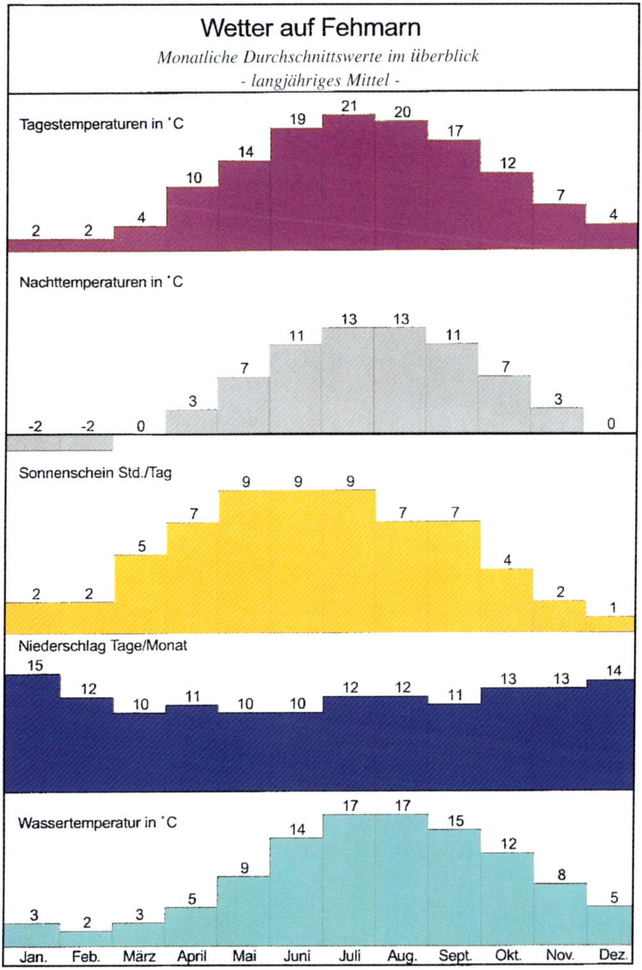

Vieljährige Mittelwerte einer Meteorologiestation auf Fehmarn.

Fehmarnklima und Reisezeit

Wenig Regen und viel Sonne kennzeichnen das Fehmarnklima. Das Eiland gehört mit rund 520 Millimetern Jahresniederschlag (langjähriges Mittel) zu den regenärmsten Gebieten Deutschlands. Gegenüber dem Bundesdurchschnitt sind das 280 Liter pro Quadratmeter weniger Wasser „von oben". Ein zweiter Superlativ betrifft die Jahressumme der Sonnenstunden. Im langjährigen Durchschnitt scheint die Sonne auf Fehmarn an 1923 Stunden. Damit zählt die „grüne Insel" zu den sonnigsten Landschaften Deutschlands (132 Sonnenstunden mehr als Sylt, 327 mehr als Kassel und 429 mehr als Essen). Hauptsächliche Ursache für diese klimatische Sonderstellung, die (abgeschwächt) auch für Heiligenhafen und Weißenhäuser Strand gilt, ist die Leelage der Insel. Die Luftmassen kommen im Regelfall von Westen, regnen sich über dem schleswig-holsteinischen Binnenland ab (Steigungsregen) und erreichen den nordöstlichen Winkel Ostholsteins und Fehmarn bereits relativ trocken. Verstärkt wird dieses Phänomen durch eine besondere klimatische Land- und Seezirkulation. Der Jahresverlauf von z. B. Temperatur und Niederschlag ist aber der gleiche wie im übrigen Schleswig-Holstein.

Trotz dieser Zahlen soll nicht verschwiegen werden, daß auch in der Hochsaison (Juni, Juli, August) mit unbeständiger Witterung gerechnet werden muß, da stabile Hochdruckwetterlagen in diesem Zeitraum eher die Ausnahme als die Regel sind. Anorak und Gummistiefel sollten im Reisegepäck nicht fehlen. Unter ☎ 0 43 71/44 40 (= Urlauberinformationsdienst) gibt es von April bis Oktober täglich den aktuellen Wetterbericht für Fehmarn. In Heiligenhafen findet man den Aushang des Wetterberichts am Hafenamt. Die Num-

mer des Wetteransagedienstes Schleswig-Holstein und Hamburg lautet: ☎ 04 31/11 64 03.
Wer im Urlaub nicht auf Strandleben und Badespaß fixiert ist, wird der Ostseeküste mit ihrem Hinterland auch zu anderen Jahreszeiten viel abgewinnen können. Nur wer auch im Frühjahr und im Herbst oder sogar im Winter in Schleswig-Holstein vorbeischaut, kann die ganze Vielfalt der Landschaft kennenlernen. Die wenigen Urlauber, die es dann an die Ostseeküste verschlägt, werden für ihre Mühe mit angenehmer Ruhe belohnt.
Traumhaft schön wird Ostholstein im Mai, wenn der Raps goldgelb blüht. Die Landschaft ist dann von wogenden gelben Feldern überzogen. Das Meer scheint in diesen Wochen besonders blau zu sein, die Sonne besonders strahlend. Nirgendwo in Deutschland gedeiht der Raps so gut wie hier. Ostholsteins Landwirte bestellen ihre Felder in der Regel zu 30 bis 35 Prozent mit der knallgelb blühenden Ölpflanze. In guten Jahren ernten sie 30 bis 40 Doppelzentner pro Hektar. Diese Kulturpflanze ist aus einer Kreuzung von Rübsen und Kohl entstanden. Ein planmäßiger Anbau entwickelte sich Ende des 16. Jahrhunderts. Neben der Verwendung in der Nahrungsmittelindustrie wird der Raps seit kurzem auch zu Bio-Diesel verarbeitet. In Ostholstein gibt es bereits Tankstellen, die diesen alternativen Treibstoff anbieten.
Auf Fehmarn wird mit der Rapsblüte eine fünfte Jahreszeit eingeleitet, deren Höhepunkt das Rapsblütenfest bildet. Mittlerweile ist es ein dreitägiges Großereignis, welches alljährlich Tausende von Zuschauern anzieht, mit Wahl und öffentlicher Inthronisierung der Rapsblütenkönigin am Dorfteich in Petersdorf. Seit dem Jahre 1985 wird es gefeiert, immer am letzten oder vorletzten Wochenende im Mai. Im gleichen Zeitraum findet auch

Typisch für die holsteinische Landschaft: leuchtend gelbe Rapsfelder.

der vom SV Puttgarden organisierte „Internationale Rapsblüten-Wander- und Radfahrtag“ statt. Dabei legen Radfahrer eine 18 Kilometer lange Strecke zurück, Wanderer müssen „nur“ zwölf Kilometer absolvieren.
Unvergleichlich ist der Herbst. Bunt gefärbt sind dann die Wälder, und Laub wirbelt durch die Luft. Die bunten Dahlien quellen über die Gartenzäune, und die letzten Rosen blühen intensiv. Nie ist der Himmel höher als an einem klaren Oktobertag. In den Gaststätten wird bald der Kamin angezündet, und deftige Gerichte kommen auf den Tisch – Grünkohl mit Kassler und süßen Kartoffeln vielleicht.
In manchen Jahren ist es im Winter über Tage und Wochen knackig kalt. Dann treffen sich die Holsteiner auf den zahllosen zugefrorenen Seen zum Schlittschuhlaufen – die weniger sportlich Ambitionierten zum Grogtrinken am Ufer. Bei höherer Luftfeuchtigkeit fängt es an zu schneien, und am Bungsberg heißt es dann wieder: Ski und Rodeln gut.

Stichwort Badewasserqualität

Das Ökosystem Ostsee ist gewiß nicht tot, aber doch mindestens bedenklich krank. Giftige Algen vor den nördlichen dänischen und den südlichen norwegischen und schwedischen Küsten, das Seehundsterben sowie die vielen Berichte in den Medien über die Verschmutzung der Ostsee haben vor Jahren allerorts Zweifel aufkommen lassen, ob man weiterhin unbesorgt an der schleswig-holsteinischen Küste baden kann.
Inzwischen ist die Überwachung der Badegewässerqualität erheblich ausgeweitet worden. An Schleswig-Holsteins Stränden werden an allen Badestellen zu Beginn und auch im Verlauf der Saison in 14tägigen Abständen Badewasserkontrollen durchgeführt. Darüber hinaus

wird regelmäßig die Algenentwicklung in den küstennahen Gewässern beobachtet und bewertet. Das Ergebnis dieser bakteriologischen und chemisch-physikalischen Untersuchungen ist beruhigend: „Die Badewasserqualität an Schleswig-Holsteins Küsten ist nach internationalen EG-Richtlinien gut bis sehr gut."
Dieses erfreuliche Fazit sagt allerdings nichts über die ökologische Situation des Gewässers aus, da das Ziel der Untersuchung „nur" der Schutz der Badenden insbesondere vor Infektionen und Allergien ist. Eine lebendige und vielfältige Tier- und Pflanzenwelt stellen wesentlich höhere Ansprüche an die Wasserqualität als Menschen, die nur kurze Zeit im Wasser zubringen und nicht in und von diesem Medium leben. Schon geringste Verunreinigungen, die nur in Spuren im Meerwasser enthalten sind, können das Ökosystem irreparabel beeinträchtigen, da die Stoffe über die Nahrungskette tausend- oder millionenfach angereichert werden. Deshalb ist es kein Widerspruch zu dem oben gezogenen Fazit, wenn wir an dieser Stelle festhalten müssen, daß das biologische Leben in der Ostsee als Folge der starken Umweltbelastungen durch Schadstoffeinträge über die Flüsse, aus der Atmosphäre, aus direkten Abwassereinleitungen und durch den Schiffsverkehr gefährdet ist.
Um hier Abhilfe zu schaffen, hat das schleswig-holsteinische Umweltministerium in den letzten Jahren 14 Programme und Gesetze auf den Weg gebracht. Zu nennen sind hier unter anderem der Ausbau der 38 größten kommunalen Klärwerke, die naturnahe Umgestaltung der Fließgewässer, das Uferrandstreifenprogramm, die neue Badestellenverordnung, das ökologische Landeswassergesetz und die Förderung von Ökosystemforschungsprojekten.
Die Ostsee reagiert auf Schadstoffeinträge vergleichs-

Der rot-weiß geringelte Bilderbuch-Leuchtturm von Flügge ist mit einer Höhe von über 40 Metern der attraktivste seiner Art auf Fehmarn. Wie alle anderen Leuchttürme auf dieser Insel ist er leider nicht zu besteigen.

weise empfindlicher als andere Meere, da sie praktisch ein isoliertes Binnenmeer ist. Nur an drei schmalen Stellen zwischen den dänischen Inseln, dem dänischen Festland und Schweden bestehen Verbindungen zur Nordsee, durch die sauerstoffreiches Salzwasser einströmen kann. Außerdem ist die Ostsee ein flaches Schelfmeer (durchschnittlich nur 52 Meter tief) von relativ geringer Ausdehnung (420.000 Quadratkilometer, 23.000 Kubikkilometer). Das Wasser wird nicht regelmäßig umgewälzt und ausgetauscht. Die Folge ist, daß sich Umweltgifte schneller und in größerer Zahl ansammeln. Heftige Winterstürme, die gewaltige Mengen Salzwasser aus der Nordsee Richtung Osten drücken, sind deswegen Medizin für die Ostsee.
Kommt es im Rahmen der 14tägigen Badegewässerüberwachung zur Überschreitung von Richtwerten (Leitwerte, deren Überschreitung noch keine Gesundheitsgefahr bedeuten), so wird in der Folge das betreffende Gewässer und die hygienische Gesamtsituation verstärkt beobachtet. Erst wenn Grenzwerte überschritten werden, spricht das Gesundheitsamt bzw. die Gemeindeverwaltung ein Badeverbot aus. Salmonellenbefall – unabhängig in welchem Ausmaß – führt immer zum Schließen einer Badestelle. Der Nachweis einer erhöhten Belastung eines Badegewässers ist im übrigen zugleich Anlaß, der Verschmutzungsursache auf den Grund zu gehen und Maßnahmen einzuleiten.
Detaillierte Informationen über die Qualität der Badegewässer geben die jeweils zuständigen Gesundheitsbehörden oder Ämter für Umweltschutz (Ostholstein: ☎ 0 45 21/7 78 38) sowie die örtlichen Kurverwaltungen. Bei Fragen von überregionaler Bedeutung kann man sich auch an das zuständige Referat im Kieler Ministerium für Natur und Umwelt (☎ 04 31/21 90) wenden. Weiter steht für Fragen oder Hinweise auch der

Fremdenverkehrsverband in Kiel (☎ 04 31/ 5 60 00) bereit.

Natur und Urlaub

Grundsätzlich beurteilen Tourismusexperten die Perspektiven deutscher Urlaubsgebiete positiv. Bei wachsendem Umweltbewußtsein wird es ihrer Überzeugung nach nur noch eine Frage der Zeit sein, bis Fern-Flugreisen aus Gründen des Klima- und Naturschutzes verpönt sind und näher gelegene Urlaubs- und Erholungsziele stärker ins Blickfeld rücken.
Schleswig-Holstein wird also auch in Zukunft alljährlich mehrere Millionen Feriengäste verzeichnen können. Die meisten von ihnen kommen auf der Suche nach ländlicher Ruhe und Abgeschiedenheit, auf der Suche nach Natur, nach Erleben von Landschaft hierher. Erholung in freier Natur setzt eine intakte Landschaft voraus, mit sauberer Luft, sauberem Wasser, mit vielfältiger Pflanzen- und Tierwelt und einem ursprünglichen Landschaftsbild.
Zwar werden aufgrund der nördlichen Randlage unserer Küstenregion, die fernab von industriellen Ballungsräumen liegt, die Ansprüche an Luft- und Wasserqualität weitgehend befriedigt, doch ganz unberührt, wie vielfach erwartet, kann die Natur auch und gerade im landwirtschaftlich geprägten Ostholstein nicht mehr sein. So mußte z. B. die Kopendorfer Au, Fehmarns einziger größerer Wasserlauf, in der Gewässergütekarte Schleswig-Holstein (Stand 1992) als „sehr stark verschmutzt" eingestuft werden. Auch das früher wesentlich dichtere Knicknetz muß hier genannt werden. Diese landschaftprägenden Wallhecken, die ursprünglich als „lebende Zäune" zur Einkopplung von Grund und Boden der Bauern dienten (Verkoppelungsgesetz

von 1770), wurden in den letzten Jahrzehnten für die moderne Bewirtschaftung der Felder bedauerlicherweise erheblich dezimiert. Da die Knicks eine charakteristische artenreiche Pflanzen- und Tierwelt beherbergen, sind sie im waldarmen Schleswig-Holstein ökologisch besonders wertvoll.

Auch Tourismus verbraucht Landschaft. Die Ferienanbieter in Schleswig-Holstein haben erkannt, daß die vergleichsweise intakte Umwelt der größte Reichtum des Landes und gleichzeitig Lebensgrundlage für ihren Wirtschaftszweig sind. Ein erfolgreicher Tourismus kann besonders in Schleswig-Holstein, wo sich die Mehrzahl der Gäste als „Naturlauber" charakterisieren, auf Kosten der Natur langfristig nicht existieren. Der Fremdenverkehrsverband Schleswig-Holstein sucht deshalb bereits seit mehreren Jahren das Gespräch über Umweltfragen mit Gästen, Politikern, Wissenschaftlern und Umwelt- und Naturschutzverbänden.

Die Landesplanung bemüht sich um einen umwelt- und sozialverträglichen Tourismus als Markenzeichen für Schleswig-Holstein. Der sogenannte „sanfte Tourismus" ist das bestimmende Element der Fremdenverkehrskonzeption des Kieler Verkehrsministeriums. Das Bestreben auf dem Wege zum sanften Tourismus ist: „Die Pflege und Wiederbelebung von landestypischer Architektur, Wohn- und Eßkultur, von Brauchtum ohne gekünstelten Folklorismus, die Entdeckung der großen Städte – nicht nur ihrer Einkaufsstraßen – für eine Urlaubsform, die Umwelt, Nerven und Geldbeutel schont. Das Ziel dabei ist immer, den Fremdenverkehr im wirklichen Umfeld stattfinden zu lassen, nicht in einer gesonderten Ferienwelt."

Auch die Gemeinden und Fremdenverkehrsorte haben das Gebot der Stunde erkannt. In Zusammenarbeit mit Naturschutzverbänden und Umweltbehörden wurde

Die Beobachtungsstationen von Wallnau bieten dem Besucher bequeme Sicht auf das vielgestaltige Vogelleben. Für Fotografen existieren separate Kabinen mit größeren Sehschlitzen.

die Aktion „Naturlaub“ ins Leben gerufen. Der beim Fremdenverkehrsverband Schleswig-Holstein kostenlos erhältliche Prospekt „Natur von Küste zu Küste“ möchte in diesem Zusammenhang beim Urlauber Verständnis für die Schutzbedürftigkeit der Pflanzen- und Tierwelt wecken und Anregungen für ein umweltgerechtes Verhalten in der Landschaft und der Ferienunterkunft geben.
Auf Fehmarn wurde zur Verbesserung des Natur- und Umweltschutzes gemeinsam mit der schleswig-holsteinischen Landesregierung das „integrierte Inselschutzkonzept Fehmarn“ erarbeitet. Das Schutzkonzept dient insbesondere der Erhaltung ökologischer Strukturen auf Fehmarn, der Vermeidung von Belastungen für Boden, Wasser und Luft sowie dem Interessenausgleich zwischen Fremdenverkehrs- und Umweltbelangen. Zur Durchführung des Inselschutzkonzeptes wurde ein Umweltrat mit drei Arbeitskreisen gebildet. Diese beschäftigen sich mit den Themen „Natur und Fremdenverkehr“, „Natur und Verkehr“ sowie „Natur – Versorgung, Entsorgung und Energie“.
Daß Schutzgebiete Sinn machen, zeigt sich besonders deutlich am Bestand der Brutvögel an der schleswig-holsteinischen Ostseeküste. Jüngste Erhebungen zeigen: Von rund 8.000 Brutpaaren verschiedener Küstenvogelarten brüten 88 % in den Schutzgebieten, die aber nur etwa 5 % der Küstenlänge ausmachen. 95 % der Küste werden überwiegend vom Fremdenverkehr genutzt.

Die in dem vorher erwähnten Prospekt des Fremdenverkehrsverbands Schleswig-Holstein gegebenen Hinweise sind im wesentlichen die folgenden:

Naturlaub in Schleswig-Holstein – das ist Reisen mit Rücksicht. Gehen Sie sorgsam um mit der Natur. Die Pflanzen, die Tiere – sie sind nicht die „Umwelt“ des Menschen, sondern: der Mensch ist ein Teil ihrer Welt. Es gilt also, nicht nur sich selbst, sondern auch die Natur zu schonen und zu schützen, auch in den Ferien. Nicht nur der Mensch braucht Urlaub – auch die Natur. Bitte bedenken und beachten Sie:

Information schafft Verständnis.
Wer Interesse an Pflanzen- und Tierwelt seiner Ferienregion hat, der findet reichlich Informationen durch Naturschutzverbände, Kommunen und Interessengemeinschaften. Vom Tafelbild und Flugblatt bis zu Führungen und Vorträgen gibt es sachkundige Aufklärung. Wer die Natur in ihren Besonderheiten versteht, der verhält sich in ihr ganz selbstverständlich auch naturschutzbewußt.

Wege haben Sinn.
In allen Schutzgebieten darf man die Wege nicht verlassen. Die Tierwelt ist daran gewöhnt, daß Menschen sich auf diesen Wegen bewegen. Wer hingegen querfeldein geht, bringt Unruhe und Störung. Außerdem werden Pflanzen bedroht und zerstört.

Hunde sind eine Gefahr.
In geschützter Landschaft müssen Hunde an der Leine geführt werden, damit sie keine heimischen Tiere beunruhigen oder gar Brut- und Jungtiere töten.

Pflücken muß nicht sein.
In Schutzgebieten ist das Zerstören von Pflanzen verboten, also auch das Pflücken, Zerdrücken, Zertreten.

Zuhause ist auch hier.
Wo Sie Urlaub machen, leben andere immer. Zerstören Sie nicht deren Zuhause. Leben Sie im Urlaub so umweltbewußt, wie in Ihrem Alltag. Sparen Sie Trinkwasser und Energie, benutzen Sie umweltfreundliche Produkte, halten Sie Ihre Umwelt sauber, fahren Sie möglichst mit öffentlichen Verkehrsmitteln oder mit dem Fahrrad. Und schützen Sie die Natur, sie gehört uns allen.

Tierschutz ist Naturschutz.
Tiere jeder Art, auch die kleinsten, dürfen in Schutzgebieten

nicht gestört, gequält und getötet werden. Vogeleier dürfen nicht gesammelt werden.

Lärm ist un-natürlich.
Die Natur selbst hat Töne genug: der Gesang der Vögel, das Summen der Insekten, das Heulen und Pfeifen des Windes, das Rauschen der Meere. Es gibt genug zu hören und zu entdecken. Man braucht in der Natur kein Radio, keinen Recorder und kein Geschrei.

Schutzzonen schonen die Natur.
Landschaft, die geschützt ist, hat immer auch Bereiche, die für Menschen Tabuzonen sind. Das muß akzeptiert werden. Aber auch in offenen Naherholungsgebieten besteht die Gefahr der Übernutzung. Manche Lebensräume von hoher Attraktivität sollten daher weitgehend geschont werden. Hierzu gehören Seeufer, Fließgewässer, Sandbänke und viele abgelegene Landschaftsbereiche.

Müll ist Mord.
Abfall gehört nicht in die Landschaft, er ist eine tödliche Gefahr für Tiere und für die Gewässer.

Fehmarn, der „sechste Kontinent“

„... dann geht es steil nach Norden zum äußersten Zipfel des Landes, Heiligenhafen und Großenbrode, von wo aus man auf eines der letzten Paradiese der Erde gelangt, nach Fehmarn.“ So die bekannte Schriftstellerin Utta Danella in ihrem Buch „In Ostholstein – Wasser ist hier überall“ über die „Traumheimat ihrer Seele“. Fehmarn, „die Krone im blauen Meer“, ist mit 185 Quadratkilometern nach Rügen und Usedom die drittgrößte Insel Deutschlands und zugleich Schleswig-Holsteins einzige Ostseeinsel. Sie bietet 78 Kilometer abwechslungsreiche Küste: Im Norden, Westen und Süden ist das Ufer flach geneigt, während das Land im Osten und Südosten steil zum Meer abfällt. Die Ostsee gestaltet ebenso feinsandige wie geröllhaltige Küstenabschnitte. Nach der großen Sturmflut im November 1872 wurden etliche Bereiche eingedeicht. Die schleswig-holsteinische Landesregierung plant, in den nächsten Jahren fast 40 weitere Kilometer überflutungsgefährdete Inselküste einzudeichen. Die Form der Insel – sie mißt von Nord nach Süd 13, von Ost nach West 16 Kilometer – brachte ihr den liebevollen Namen „Knust“ ein. An den exponierten Landspitzen der Küste, „Huks“ genannt, stehen fünf der sechs fehmarnschen Leuchtfeuer. Sie weisen den Schiffen den sicheren Weg um die gefährlichen Sandriffe und die im untermeerischen Bereich weit verstreuten Findlingsblöcke herum. Leider ist keiner der Türme von innen zu besichtigen, da alle zentral von einer Schaltstelle in Heiligenhafen gesteuert werden und somit wärterlos sind.

Wie es sich für eine anständige Insel gehört, ist Feh-

Der Dorfteich von Petersdorf liefert während des alljährlich am letzten oder vorletzten Wochenende im Mai stattfindenden Rapsblütenfestes den Schauplatz zur Inthronisierung der Rapsblütenkönigin. Die Feierlichkeiten dauern drei Tage.

marn ringsum von (Ostsee-)Wasser umgeben. Im Süden ist es der 1,2 Kilometer breite Fehmarnsund, der den „6. Kontinent“ von „Europa“ trennt, im Norden der knapp 19 Kilometer breite Fehmarnbelt, der von Dänemarkreisenden mit Fähren überwunden werden muß. Fehmarn ist platt wie eine Flunder; höchste Bodenerhebung ist mit 27,2 Metern der Hinrichsberg bei Staberdorf. In vielerlei Hinsicht beachtenswerter ist der Wulfener Berg an der Südküste, obwohl er mit 19,6 Metern Höhe „erheblich“ niedriger ist.
Der Name der Insel Fehmarn stammt wahrscheinlich vom slawischen Wort „vemorje“ (= „im Meer“), aus dem im Laufe der Zeit „Fembre“ und „Vemere“ wurde. Andere Quellen gehen davon aus, daß der Name aus dem Altsächsischen hervorgegangen ist, wo das Wort „Fimba“ „Haufen (im Wasser)“ bedeutet, das dann als „Fimbre“, „Fembre“ und „Femere“ über die Jahrhunderte zu Fehmarn wurde.
Jahrhundertelang war die Insel nur auf dem Seeweg zu erreichen. Mit Segelbooten dauerte die für Mensch und Tier nicht ungefährliche Fahrt über den strömungsreichen Sund zehn bis fünfzehn Minuten. Die Verbindung oblag einem Fährpächter, der sein Unternehmen aufgrund eines königlichen Privilegs ausübte. Erst seit dem Jahre 1903 gab es eine größere Eisenbahnfähre, die zwischen Großenbrode und der Insel hin und her dampfte und den Anschluß an das Kleinbahnnetz Fehmarns herstellte. Seit der Einweihung der Vogelfluglinie 1963 ist Fehmarn eine der wenigen Inseln, die für Fußgänger und Radfahrer direkt erreichbar ist. Dafür sorgt der „Kleiderbügel“, die genau 963,40 Meter lange Fehmarnsundbrücke. Dieses Bauwerk hat das Inselleben und die Wirtschaftsstruktur Fehmarns entscheidend verändert. Denn mit der Brücke kam verstärkt der Tourismus auf das Eiland, der langsam aber sicher zum

Hauptindustriezweig wurde. Die Bedeutung der festen Sundquerung für die Entwicklung Fehmarns möge ein Zitat aus dem Buch des bekannten Heimatforschers Peter Wiepert belegen. Im Juli 1969 schreibt er:
„Die neue Fehmarnsundbrücke und ‚Vogelfluglinie‘ sind gebaut; der internationale Nord-Süd-Verkehr braust über unsere Insel, die sich nun in den letzten vier, fünf Jahren ganz und gar verändert hat. Fehmarn ist ‚entdeckt‘. Die Zahl der Fehmarnbesucher nimmt von Jahr zu Jahr zu – die Modernisierung der Landschaft auch.“
Für die Entscheidungsträger der Insel war von nun an die Förderung des Fremdenverkehrs ein Imperativ ihrer Wirtschaftspolitik. Obwohl so der Tourismus von Jahr zu Jahr mehr an Bedeutung gewinnt, ist Fehmarn stolzes Bauernland geblieben, geprägt durch große Höfe und riesige Scheunen. Manches Gehöft wirkt wie ein Herrenhaus. Angebaut werden hochwertige Agrarprodukte wie Weizen und Gerste, Raps und Rüben sowie Kohl. Die sehr ertragreichen Böden machen die Insel zur Kornkammer Schleswig-Holsteins. Noch bis zum Anfang des 20. Jahrhunderts mußten von den Bauern zur Bewältigung der Arbeit Erntehelfer eingestellt werden.
Die „Monarchen“, so nannten sich diese Saison- und Wanderarbeiter, waren ein buntes Völkchen, das aus allen Teilen Deutschlands kam. Sie schliefen in Scheunen und Sammelunterkünften, auf Dachböden oder einfach im Freien – und tauften ihre Unterkünfte „Belvedere“ oder „Schloß Lausenstein“. Sie gaben sich Namen wie „Kreihenhannes“, „Adlernase“, „Lauervogel“ oder „Friedrich der Große“. Viele von ihnen liebten das freie, zügellose Leben und fühlten sich als Könige der Fehmaraner Felder („Fürsten in Lumpen und Loden“). Oft hatte sich der Lohn für die harte Landar-

beit vor der Abreise schon wieder in Schnaps verflüssigt. Die Monarchen mußten dann um eine Freifahrt auf der Sundfähre bitten, nur um die Insel wieder verlassen zu können. Ein Gedicht des Monarchen Eduard Friebe – unter seinesgleichen als die „Singlerche“ bekannt – beschreibt das oft trostlose Schicksal der Landarbeiter:

„Du einsame Insel am Ostseestrand –
o hätt' ich dich nimmer gesehen und niemals gekannt.
Hier hab' ich verloren mein letztes, mein allerletztes Glück;
zerschlagen, versoffen und elend kehr' ich zurück.
Geschuftet hab' ich für schweres, schweres Geld,
verlassen und verloren marschier' ich in die weite, weite Welt
als ruhelos tippelnder Kunde
und Grandmonarch über dem Fehmarnsunde.
Keine Mutter, kein Mädchen, kein Branntewein –
allein, nur immer allein.“

Die rund 13.000 Fehmaraner verteilen sich auf eine Stadt (Burg) und 42 Dörfer in drei Gemeinden (Bannesdorf, Landkirchen, Westfehmarn). Man sagt der Bevölkerung nach, daß die jahrhundertelange Unabhängigkeit und die lange Abgeschlossenheit der Landschaft bestimmte charakterliche Eigenschaften besonders ausgeprägt haben. In seiner „Oekonomisch-statistischen Beschreibung der Insel Fehmarn“ von 1796 hat F. W. Otte die Insulaner wie folgt charakterisiert:
„Ein gesunder, fest gebauter Körper, der rauhe Himmelsstrich, die Nähe des nicht selten empörten Meeres, das durch die Volkssagen noch lebhaft erhaltene Andenken der kriegerischen Taten der Vorfahren, der fortdauernde Besitz aller Vorrechte, die wegen der insula-

Moderne Windkonverter prägen das heutige Landschaftsbild Fehmarns. Mittlerweile steht die Hälfte aller Windkraftanlagen der Bundesrepublik in Schleswig-Holstein. Die 34 „Strommühlen" bei Marienleuchte und Presen werden im Guinness-Buch der Rekorde 1996 als größter Windpark Deutschlands aufgeführt.

ren Lage höchst seltene Vermischung mit Fremden, die in der bürgerlichen Verfassung gegründete Theilnahme an den öffentlichen Geschäften, die Güte und Fruchtbarkeit des Bodens, verbunden mit der Ergiebigkeit anderer Nahrungsquellen und der dadurch verschaffenen Leichtigkeit zur Vermehrung des äußeren Wohlstandes, sind Gründe hinreichend, um sich einen gewissen Grad des Selbstgefühles, der Unerschrockenheit, des Nationalstolzes, der Selbstschätzung, des Erwerbsfleißes und der sorgfältigen Vermehrung der Glücksgüter durch Sparsamkeit, daraus begreiflich zu machen."
Markant und typisch für Fehmarn sind die unbebauten Plätze vor den Häusern der Dörfer. Diese vom Fachkundigen als „Fortadorf" (Platzdorf) bezeichnete Siedlungsform geht auf das hohe Mittelalter zurück. Fortadörfer waren von Steinwällen umgeben und hatten Ein- bzw. Ausgänge, die nachts geschlossen wurden. Erst im 19. Jahrhundert wurde infolge wirtschaftlicher Umstrukturierungen die Form des Platzdorfes nach und nach aufgegeben. In Bisdorf und Lemkendorf sind die Wälle aber noch gut zu erkennen. Klassisch ist auch der Dorfteich, an dem sich früher in der Nacht das Vieh aufhielt und der zugleich als Tränke diente. Neben dem Dorfteich lag der Dingstein (Thingplatz), auf dem die Dorfvertreter zusammenkamen, wenn Angelegenheiten des Gemeinwesens besprochen werden mußten. Am Staberdorfer Teich ist ein solcher restaurierter Platz zu bewundern.

Der frische Wind, der hier fast immer weht und zum gesunden Reizklima beiträgt, wird nicht nur von Seglern und Surfern, sondern auch von Stromerzeugern geschätzt. Während der Wind früher von Windmühlen zum Mahlen von Getreide genutzt wurde – um 1900 gab es noch 14 Windmühlen auf Fehmarn, davon vier allein in Burg –, prägen heute moderne Windräder

(Windkonverter) das Landschaftsbild der Insel. Im fehmarnschen Starkwindgebiet existieren neben Einzel- und Gruppenanlagen einige Windparks, die mittlerweile ausreichen, den gesamten Stromverbrauch der Insel zu decken und darüber hinaus Strom an das allgemeine Netz abzugeben. In Westermarkelsdorf haben sich sechs private Betreiber mit unterschiedlichen „Strommühlen“ zum Windpark Westfehmarn zusammengeschlossen. 29 Anlagen verfügen hier über eine Leistung von 6.650 Kilowatt. Die 34 Windkonverter bei Marienleuchte und Presen werden im „Guinness-Buch der Rekorde 1996“ als größter Windpark Deutschlands aufgeführt – hier werden jährlich etwa 45 Millionen Kilowattstunden Strom erzeugt. Das Windrad auf dem Wohnmobilplatz Johannisberg kann besichtigt werden.

Auskunft erteilt:
Uwe Beyer
Puttgarden a. F.
☎ und Fax 0 43 71/40 70.

Tips für Gäste

■ Information

Insel-Information
Breite Straße 28, 23769 Burg a. F. ☎ 043 71/30 54 und 30 55, Fax 5 06 81.

Kurverwaltung
Kurbetrieb, Südstrandpromenade 1, 23769 Burg a. F., ☎ 0 43 71/5 00 50, Fax 50 05 90.

Gewerbeverein Westfehmarn
23769 Petersdorf, ☎ 0 43 72/40 00 (= Anrufbeantworter. Telefon ist ab 18.30 Uhr besetzt).

Verkehrsverein Landkirchen
☎ 0 43 71/24 36.

■ Cafés

Hein und Beas Scheune
Dorfstraße 15, 23769 Dänschendorf, ☎ 0 43 72/3 97.
Leckerer „Öko-Kuchen" und vieles mehr.

Langes Gasthof
Mittelstraße 6, 23769 Petersdorf a. F., ☎ 0 43 72/13 33.
Im Sommer hausgebackener Kuchen auf der Caféterrasse.

Café Meinke
Am Markt 29, 23769 Burg a. F., ☎ 0 43 71/96 31. Eines der beliebtesten Cafés in Burg.

Ostseeblick
23769 Fehmarnsund a. F., ☎ 0 43 71/8 61 70. Hier wird hausgebackener Kuchen serviert. Schöner Blick auf den Fehmarnsund und auf die Brücke.

Café Sorgenfrei
23769 Orth, ☎ 0 43 72/12 58. Sehr schön sind die schattigen Plätze unter Walnußbäumen mit Blick auf den alten Hafen. Spezialität: Quark mit roter Grütze, Müsli und Krokant.

Waldpavillon
23769 Katharinenhof a. F., ☎ 0 43 71/21 24.
Torten und Gebäck aus eigener Herstellung. Schöner Meerblick.

Wallnaucafé
23769 Westfehmarn. Kleiner Cafébetrieb direkt am Informationszentrum des Wasservogelreservats Wallnau.

■ Golfplatz

Golfplatz Fehmarn e.V.
Am Golfplatz, 23769 Wulfen a. F..
☎ 0 43 71/69 69 (Sekretariat),
☎ 0 43 71/54 12 (Golflehrer).
9-Loch-Golfplatz. Der Score hat eine Länge von knapp sechs Kilometern.

■ Hotels

Hotel-Restaurant Burg-Klause
Blieschendorfer Weg 1–5, 23769 Burg a. F., ☎ 0 43 71/67 82, Fax 17 35.
Nicht das allerschönste Gebäude (13 Zimmer), aber ausgezeichnet als umweltbewußter Gastgeber und nur wenige Meter von der St.-Nikolai-Kirche entfernt gelegen. Ganzjährige Vermietung.

Kurhotel Hasselbarth
Sahrensdorfer Straße 39, 23769 Burg a. F., ☎ 0 43 71/24 40, Fax 4780.
Kleines Haus (14 Zimmer) mit Kurmittelabteilung. Gute Küche. Ganzjährige Vermietung.

Hotel Kimm
Schulstraße 5, 23769 Dänschendorf a. F., ☎ 0 43 72/3 93, Fax 3 93.
Sehr preiswertes, kleines Haus (5 Zimmer) im Nordwesten der Insel. Ganzjährige Vermietung.

Hotel-Restaurant Haus Meeresfrieden
Am Hafen 20, 23769 Lemkenhafen a. F., ☎ 0 43 72/18 15.
Das kleinste Hotel Fehmarns (4 Zimmer) liegt direkt an der Lemkenhafener Wiek. Ganzjährige Vermietung.

Strandhotel
Am Binnensee 1, 23679 Neue Tiefe a. F., ☎ 0 43 71/31 42 und 55 50.
Haus mit 21 Zimmern direkt am Nordostufer des Burger Binnensees (600 Meter vom Südstrand entfernt). Fahrradverleih im Haus. Ganzjährige Vermietung.

Wisser's Hotel
Am Markt 21, 23769 Burg a. F., ☎ 0 43 71/31 11, Fax 66 20.
Traditionsreiches Haus mit bekannt guter Küche direkt am Marktplatz (29 Zimmer). Ganzjährige Vermietung.

Zum Grünen Jäger
Sundstraat 22, 23769 Avendorf a. F., ☎ 0 43 71/96 77, Fax 1860.
Im Bauernstil eingerichtete Doppel- und Einzelzimmer (27 Zimmer). Das Restaurant serviert gutbürgerliche Küche mit prämierten Gerichten. Reiterhof und Golfplatz in der Nähe.

■ Naturschutzgebiete

Naturschutzgebiet „Grüner Brink“
Alte Strandwallandschaft mit moorigen Seen und brackigen Strandseen. Zahlreiche Bildtafeln informieren über das Leben der Vögel. Täglich naturkundliche Führungen (auch am Abend) des Naturschutzbunds Deutschland (NABU). Gruppen ab 10 Personen sollten sich unter ☎ 0 43 72/10 02 anmelden. Treffpunkt: Vogelwärterhaus; 10.30 Uhr.

Naturschutzgebiet Krummsteert-Sulsdorfer Wiek
Das Naturschutzgebiet im Südwesten der Insel besteht aus einem jungen Nehrungshaken mit Strandwällen und flachen Dünen sowie naturnahen oder extensiv genutzten Salzwiesen, flachgründigen Teichen und Wasserflächen der Orther Reede. Keine Führungen.

Wasservogelreservat Wallnau
23769 Westfehmarn, Info-Zentrum, ☎ 0 43 72/10 02, Fax 14 45.
Wasservogelreservat von internationaler Bedeutung. Juni bis August: täglich von 9 bis 18 Uhr; November bis März: nach Bedarf; übrige Monate: täglich von 10 bis 17 Uhr. Gruppen werden um Anmeldung gebeten.

■ Restaurants

Aalkate
23769 Lemkenhafen a. F., ☎ 0 43 72/5 32.
Stimmungsvolle Fischräucherei in einem alten Fachwerkhaus von 1760. Es gibt schmackhafte über Buchenholz geräucherte Fische direkt in die Hand.

Aussichtsrestaurant
Im Fährbahnhof, 23769 Puttgarden a. F., ☎ 0 43 71/86 69 30.
Fisch- und Fleischspezialitäten, aber auch reichhaltige Gebäckauswahl.

Europa-Klause
Campingplatz Europa-Camping (Meeschendorf) ☎ 0 43 71/61 34. Gemütliche Restauration; für unsere Touren günstig gelegen.

Hotel-Restaurant Dania
Fährhafenstraße, 23769 Puttgarden a. F., ☎ 0 43 71/86 60, Fax 86 61 66.
Das Haus ist wegen seines schönen Wandbilds, das in bunten Farben eine prächtige Hotelfassade der 20er Jahre zeigt, nicht zu verfehlen; westlich vom Fährbahnhof gelegen.

Dat ole Aalhus
Haupstraße 39a, 23769 Landkirchen a. F., ☎ 0 43 71/91 99, Fax 29 41.
Fischgerichte in einer rustikalen fehmarnschen Fachwerkscheune (gegenüber der Kirche). Im Sommer mit Biergarten.

Don Camillo und Peppone
Am Markt 12, 23769 Burg a. F., ☎ 0 43 71/42 57.
Pizzeria direkt am Marktplatz.

Hof Bellevue Restaurant
Hof Bellevue (ca. 1,5 Kilometer nördlich von Lemkenhafen), ☎ 0 43 72/99 70 28, Fax 99 70 88.
Wild aus heimischem Revier. Speisen à la carte ab 18 Uhr. Reservierungen ab 15 Uhr erbeten. Sa. und So. ab 15 Uhr Kaffee und Kuchen.

Landhaus Kröger
Breite Straße 10, 23769 Burg a. F., ☎ 0 43 71/67 53.
In einem der ältesten Häuser auf Fehmarn werden Fisch- und Fleischspezialitäten serviert. Ganztägig geöffnet.

Landhaus Zur Doppel-Eiche
Breite Straße 32, 23769 Burg a. F., ☎ 0 43 71/99 20, Fax 90 31.
Gemütliches Haus mit traditioneller Küche (Geflügelspezialitäten). Kein Ruhetag.

Lindenhof
23769 Sulsdorf a. F., ☎ 0 43 72/13 13.
Fleisch- und Fischspezialitäten; hausgemachter Kuchen auf der Café-Terrasse.

Lotsenhus
Burgstaaken 23769 Burg a. F., (beim Parkplatz am Hafen), ☎ 0 43 71/55 97.
Im ehemaligen Haus der Lotsen wird leckerer Fisch serviert.

Hotel Schützenhof
Menzelweg 2, 23769 Burg a. F., ☎ 0 43 71/96 02.
Reichhaltige Auswahl an Fischspezialitäten direkt am Hafen Burgstaaken.

Südermühle
23769 Petersdorf a. F., ☎ 0 43 72/6 36.
Die Mühlenatmosphäre wurde erhalten. Fischgerichte, z. B. den sehr guten „Aal auf Stroh“, in heißer Pfanne auf Stroh serviert, ißt man auf dem Absackboden. Eine Wendeltreppe führt auf den Steinboden in der ersten Etage.

Zum Goldenen Anker
Burgstaaken 63, 23769 Burg a. F., ☎ 0 43 71/31 63.
In der urigen Hafenkneipe (Fischrestaurant) gibt es u. a. köstlichen Matjes.

Zur Linde
Dörpstraat 15, 23769 Staberdorf a. F., ☎ 0 43 71/57 67.
Gutbürgerliche Küche im Südosten der Insel.

■ Museen

Museum Katharinenhof
23769 Katharinenhof a. F.,
☎ 0 43 71/12 30.
Die Sammlung besteht aus mechanischem Spielzeug, Musikspielgeräten, Kutschen, Schlitten, bäuerlichen Gerätschaften, Backhaus und Rauchkate, Töpferei, Weberei sowie Buchdruckerei. Täglich geöffnet von 11 bis 13 und 14 bis 17 Uhr.

Ernst-Ludwig-Kirchner-Haus
Bahnhofstraße 47, 23769 Burg a. F., ☎ 0 43 71/5 06 44.
Kirchner-Dokumentation, die im Rahmen einer Dauerausstellung in der Burger Stadtbücherei gezeigt wird. Die Öffnungszeiten richten sich nach denen der Stadtbücherei, die sich im selben Haus befindet: Mo. bis Fr. von 9.30 bis 12 Uhr, (außer Mi.) 14.30 bis 18.30 Uhr.

Mühlen- und Landwirtschaftsmuseum Lemkenhafen
Mühlenweg, 23769 Lemkenhafen; Auskunft: Museumsleiter Herr Maas, ☎ 0 43 71/96 27; Museumsbetreuer Herr Maichrzack, ☎ 0 43 72/18 18 oder 1894.
Öffnungszeiten: 1. Mai bis 30. September: außer Mi. 10 bis 17 Uhr; im Oktober nur Mittwoch; Gruppen nach Anmeldung auch zu anderen Zeiten.

Peter-Wiepert-Heimatmuseum
Breite Straße 49–51, 23769 Burg a. F. (neben der St.-Nikolai-Kirche), ☎ 0 43 71/62 57 oder 96 27 (= Privatnummer).
Die Sammlung wird ausführlich auf Seite 62 beschrieben. Geöffnet Juni bis September Mo.–Sa. 10–17 Uhr; Oktober Mi. und Sa. 11–17 Uhr; in den Wintermonaten für Gruppen nach Vereinbarung.

Kleiner Stadtrundgang durch Burg a. F.

Wo heute die Stadt Burg liegt, gab es schon in der Slawenzeit eine Ansiedlung. Benannt war sie „to der Borch uppe Vemeren“, womit vermutlich eine (slawische) Burg gemeint war. Die Stadtrechte wurden dieser einstigen Straßenmarktsiedlung bereits vor über 750 Jahren verliehen. Burg ist die einzige Stadt auf Fehmarn und mit rund 6.000 Einwohnern wirtschaftlicher und kultureller Mittelpunkt der Insel. Sie gilt als eine der schönsten Kleinstädte Norddeutschlands. Ehrwürdige Backsteinbauten, pittoreske Fachwerkhäuser und hohe Linden, die die Hauptstraße mit dem denkmalgeschützten Kopfsteinpflaster beschatten, geben ihr ein urgemütliches Flair. Hier kann noch mancher stille Winkel entdeckt werden. Während der Hauptsaison wird die Szene freilich durch die vielen Autos gestört. Der Marktplatz – hier steht mittwochs der Wochenmarkt – trägt ebenfalls das alte Kopfsteinpflaster, das Steinhauer aus Findlingen schlugen, die fehmarnsche Steinfischer noch bis 1974 aus der Ostsee geholt haben. In der Innenstadt stehen 141 Häuser unter Denkmalschutz.
Das Wahrzeichen der Stadt ist die **St.-Nikolai-Kirche** (Breite Straße 47). Benannt wurde das größte Gotteshaus der Insel nach Sankt Nikolaus, dem Schutzpatron der Seefahrer. Die gewölbte dreischiffige Backsteinhalle wurde im 13. Jahrhundert begonnen. 1988 feierte man den 750. Jahrestag der Gründung von St. Nikolai. Der Turm aus dem Jahr 1513 sah nicht immer so wuchtig aus: Die ursprünglich 18 Meter höhere schlanke Spitze fiel im November 1760 einem Sturm zum Opfer, so daß drei Jahre später der heute noch vorhandene barocke Turmabschluß angebracht wurde. Viele Besucher fragen sich, warum neben der Kirche eine Glocke auf dem Erdboden steht. Es handelt sich hierbei um eine von

ehemals zwei Stahlglocken, die ab 1920 als Ersatz für die im Ersten Weltkrieg eingeschmolzenen Bronzeglocken dienten, aber im Jahre 1956 wiederum durch zwei bronzene ersetzt wurden. Die zweite Stahlglocke kam in die Kirche in Neuengamme bei Hamburg.
Im Inneren der Nikolaikirche können der Schnitzaltar (zweite Hälfte 14. Jahrhundert), die Bronzetaufe (1391), die Kanzel (1667), die Orgel (1662–1664) sowie barocke Holzepitaphien besichtigt werden. Zur Besichtigung ist die Kirche wochentags von 9 bis 17 Uhr geöffnet; das Saisonprogramm sieht unter anderem Kirchenführungen (Di. ab 11 Uhr) und Turmbesteigungen für kleine Gruppen vor. (Juli und August Sa. 10 bis 12 Uhr, Treffpunkt Gemeindehaus Breite Straße 47). Kirchenbüro: ☎ 0 43 71/22 50.
Im Schatten der Kirche finden wir das **Peter-Wiepert-Heimatmuseum** (Breite Straße 49–51), dessen Besuch nicht versäumt werden sollte. Das gelbe Fachwerkhaus zählt zu den schönsten auf der Insel und verbreitet an sich schon museales Ambiente. Es gehört zu der Häusergruppe in der Breiten Straße, die im Volksmund „Stiller Winkel“ genannt wird. In zwei Räumen einer ehemaligen Latein- und Stadtschule richteten im Jahre 1897 der Burger Sanitätsrat Dr. Reinecke und der Lehrer Johannes Voss das Heimatmuseum ein. Ab 1940 erfolgte die allmähliche Erweiterung der Schausammlung auf 22 Räume durch den Bauern, Heimatforscher und späteren Museumsleiter Peter Wiepert. Heute eröffnet das Museum dem Besucher einen umfassenden Einblick in die Vergangenheit der Insel. Komplett eingerichtete Bauernstuben vergangener Jahrhunderte, Zeitzeugnisse aus Fischerei und Seefahrt sowie volkstümliche Bekleidung und Trachten sind ebenso zu sehen wie Dokumente und Rechtsaltertümer, Waffen und Kriegserinnerungen sowie Münz- und Papiergeld-

sammlungen. Das Haus hat auch eine erdgeschichtliche Abteilung, wozu eine umfangreiche Steinsammlung gehört. Relativ neu ist eine Schiffsmodellausstellung.
Ein Besuch des gleichfalls in der Breiten Straße (Nr. 28) gelegenen **Senator-Thomsen-Hauses** lohnt sich aus bauhistorischen Gründen. Das im Jahre 1781 erbaute Bürgerhaus gehörte zunächst dem vormaligen Kapitän und späteren Bauern Jürgen Wohler und seiner Frau Anna, einer Kaufmannstochter. Die Initialen des Ehepaares sowie Anker (Symbol des Schiffers) und Waage (Symbol des Kaufmanns) lassen sich noch in den Verzierungen oberhalb der Tür des spätbarocken Portals ausmachen. Der aufmerksame Betrachter erkennt, daß das Gebäude im Gegensatz zu den umliegenden Häusern mit seiner Langseite und der Traufe parallel zur Straße liegt. Heute gehört das Senator-Thomsen-Haus der Stadt Burg und beherbergt die Insel-Information. Hier findet der Reisende touristische Tips und Hinweise zu aktuellen Veranstaltungen sowie die zentrale Zimmervermittlung.
In der Nähe der Jugendherberge stoßen wir auf die Kapelle des **St.-Jürgen-Stifts** (Kapellenweg 13). Der gotische Backsteinbau wurde bereits 1399 als Siechenhaus urkundlich erwähnt. Sehenswert sind die dekorative Ausmalung aus dem 15. Jahrhundert, das eichene Sakramentshaus und die geschnitzte St.-Jürgen-Gruppe (16. Jahrhundert). Unter dänischer Besatzung wurde das Gebäude im Jahre 1807 als Pulverkammer und Pferdestall mißbraucht.
An der Südseite des Markplatzes erkennen wir das von dem Kieler Architekten Carl Voß entworfene und 1901 eingeweihte **Rathaus**. Mit seinen Türmen, Erkern und Balkonen präsentiert es sich als prächtiger Bau aus Fachwerk und typisch norddeutschem Backstein. Über der Eingangstür des Rathauses zieht das Wappen der Stadt

Das Wahrzeichen von Burg a. F.: Die St.-Nikolai-Kirche.

Das Burger Rathaus hat mit seinen Türmen, Erkern und Balkonen erfreulicherweise wenig mit einem schmucklosen Verwaltungsbau gemein. Das im höchsten Zimmer des Turmes auf der linken Seite untergebrachte Stadtarchiv steht Interessierten jeweils am Donnerstag zwischen 14.30 und 16.30 Uhr zur Verfügung.

die Blicke auf sich: eine wasserumspülte Ringmauer mit zwei Türmen und dem holsteinischen Nesselblatt. Der historische Sitzungssaal kann nach Anmeldung (in Zimmer 11) von Montag bis Freitag von 8 bis 12 und von 14 bis 16 Uhr (Fr. nur vormittags) besichtigt werden. Das im Turmzimmer des Rathauses untergebrachte Stadtarchiv steht der Öffentlichkeit jeweils am Donnerstag zwischen 14.30 und 16.30 Uhr zur Verfügung.

■ Cafés

Café Meinke
Am Markt 29, 23769 Burg a. F., ☎ 0 43 71/96 31.
Eines der beliebtesten Cafés in Burg.

■ Museum

Peter-Wiepert-Heimatmuseum
Breite Straße 49–51, 23769 Burg a. F. (neben der St.-Nikolai-Kirche), ☎ 0 43 71/62 57 oder 96 27 (= Privatnummer). Die Sammlung wird ausführlich auf Seite 62 beschrieben. Geöffnet Juni bis September Mo.–Sa. 10–17 Uhr, Oktober Mi. und Sa. 11–17 Uhr; in den Wintermonaten für Gruppen nach Vereinbarung.

■ Restaurants

Landhaus Kröger
Breite Straße 10, 23769 Burg a. F., ☎ 0 43 71/67 53.
In einem der ältesten Häuser auf Fehmarn werden Fisch- und Fleischspezialitäten serviert. Ganztägig geöffnet.

Landhaus Zur Doppel-Eiche
Breite Straße 32, 23769 Burg a. F., ☎ 0 43 71/99 20, Fax 90 31.
Gemütliches Haus mit traditioneller Küche (Geflügelspezialitäten). Kein Ruhetag.

Don Camillo und Peppone
Am Markt 12, 23769 Burg a. F., ☎ 0 43 71/42 57.
Pizzeria direkt am Marktplatz.

■ Stadtführung

Altstadtbummel unter sachkundiger Führung. Auskunft und Anmeldung: Insel-Information (s. S. 56).

Burg mit seinem schönen Kopfsteinpflaster um 1889.

Die Pulsader der Stadt: Breite Straße mit Markt um 1907.

Von Burg zum Wulfener Berg und zur Fehmarnsundbrücke

Länge ca. 9 km; Wanderdauer 2 Stunden

Bevor die Wanderung an der St.-Nikolai-Kirche beginnt, sollte man sich bei der Insel-Information (Breite Straße 28) mit dem aktuellen Busfahrplan der Autokraft versorgen, da der Bus in die Tour integriert wird. Über die Priesterstraße und den Alten Postweg gelangen wir dann in südwestlicher Richtung aus der Stadt hinaus. Am Stadtrand biegen wir links in den neuen Rad- und Wanderweg (alte Bahntrasse zum Hafen Burgstaaken). Vor der Ringwerft führt ein kleiner Weg nach rechts auf den Deich nach Wulfen. Wer das Klärwerk besichtigen möchte, biegt vorher nach rechts in den Menzelweg, um nach wenigen hundert Metern zum linker Hand gelegenen Klärwerk zu gelangen. Hier werden Sonne, Wind und Biogas gemeinsam zur Energiegewinnung genutzt. Dabei wird eine elektrische Ausbeute erzielt, die nicht nur den Energiebedarf des Klärwerks deckt, Strom wird auch in das öffentliche Versorgungsnetz eingespeist. 250 Kilowatt trägt die Windkraft zu den 480 Kilowatt Gesamtleistung dieser sogenannten Hybridanlage (= Anlage, die aus mehreren Energieträgern Strom erzeugt) bei. Führungen durch das mit Bundes- und Landesmitteln geförderte Pilotprojekt der Stadt Burg werden von Herrn Heinz Enge, Petersdorf a. F., ☎0 43 72/4 41 durchgeführt, für Gruppen nach Vereinbarung durchgeführt; (Kosten bitte erfragen).

Nach der Besichtigung verlassen wir das Klärwerksgelände durch das kleine Tor zum Deich vor dem Burger Binnensee. Nach etwa einem Kilometer auf dem Deich halten wir uns an dem Abzweig nach rechts auf der Straße Richtung Wulfen. Am Dorf vorbei, den Berg hinauf, erreichen wir den Hof Bergmühle. Die Mühle, die

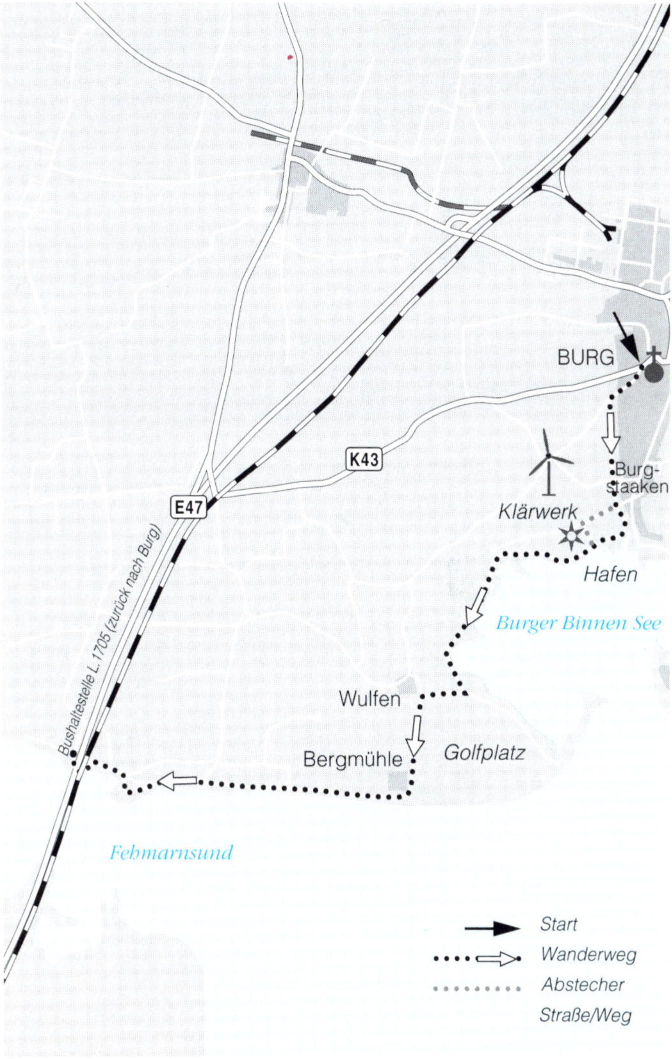
BURG
K43
Burg-
staaken
Klärwerk
E47
Hafen
Burger Binnen See
Bushaltestelle L.1705 (zurück nach Burg)
Wulfen
Bergmühle
Golfplatz
Fehmarnsund
Start
Wanderweg
Abstecher
Straße/Weg

bereits 1632 urkundlich erwähnt wurde, existiert leider nicht mehr. Der Wulfener Berg gilt als einer der typischen sogenannten Drumlins (lang-ovale Schildrücken) in Schleswig-Holstein. Er entstand durch Überformung einer älteren Eisrandbildung während des letzten Eisvorstoßes, der Fehmarn erreichte (Fehmarnvorstoß). Die heutige äußere Form ist stellenweise stark verändert, da die im Kern des Berges enthaltenen Kiese und Sande für den Bau der Vogelfluglinie abgebaut wurden. Zu Füßen des Wulfener Berges liegt ein 9-Loch-Golfplatz. Hier wird unter dem Slogan „Inselgolfen mit Ostseeschwung“ seit 1992 gespielt. Der Score hat eine Länge von knapp sechs Kilometern. Für Anfänger und Gäste, die kurze Schläge üben möchten, steht ein Pitch- und Putt-Platz zur Verfügung.
Weiter geht es Richtung Strand (vorbei an einem Toilettenhäuschen) zum Hochufer, einer der drei Steilküsten der Insel. Im Sommer können wir viele Uferschwalben beobachten, die hier ihre Wohnröhren in das Kliff gebohrt haben. Bei klarer Sicht bietet sich uns ein eindrucksvolles See- und Küstenpanorama: vom mecklenburgischen Küstenvorsprung bei Boltenhagen bis zum nahen Ostholstein, weiter über den Durchblick des Fehmarnsundes bis zu den Höhen der Probstei. Am Rand des Kliffs geht es rechts am Ufer entlang, vorbei an der alten Fährstelle bis zur Fehmarnsundbrücke. Von hier aus kann das eindrucksvolle Bauwerk gut fotografiert werden. Eine Treppe unterhalb der Brücke führt hinauf zur E 47. Dort finden wir die Bushaltestelle „Hochbrücke“ der Linie 1705, von der aus stündlich (und öfter) Busse nach Burg fahren. Auf der Westseite führt ein Fuß- und Radweg zu den Stahlbögen der Fehmarnsundbrücke.
Die Brücke wurde nach dem ersten Spatenstich am 4. Januar 1960 am 30. April 1963, zwei Wochen vor der

Eröffnung der Vogelfluglinie (14. Mai 1963), feierlich dem Verkehr übergeben. In dieser Zeitspanne wurden über 90 Tonnen Stahl, 250 Kubikmeter Beton und 1.300 Kilogramm Farbe verbaut bzw. verstrichen. Während des Baus sind fünf Männer durch Unglücksfälle ums Leben gekommen. Die Gesamtkosten beliefen sich auf 42,5 Millionen DM. Auf zwei bis zu 23 Meter hohen, in das Meer hineingebauten Rampen führt der Verkehr auf die Insel und wieder herunter. Die eigentliche Brücke ist genau 963,40 Meter lang, 21 Meter breit und führt auf sieben Pfeilern über den Sund. Die Hauptschiffahrtsöffnung ist 240 Meter breit (Nebenöffnungen jeweils 102 Meter) und hat eine lichte Durchfahrtshöhe von 23 Metern über NN. Zwischen der Fahrbahndecke und der Wasseroberfläche liegen an der höchsten Stelle 25,66 Meter. Der höchste Punkt der Bögen liegt 69,10 Meter über dem Wasserspiegel. Die Deutsche Bahn AG schließt die Einstiegsluken des „Kleiderbügels" für Besteigungen gerne auf. Anmeldung bei DB Puttgarden, ☎ 0 43 71/2 61.

■ Cafés

Ostseeblick
Fehmarnsund,
☎ 0 43 71/8 61 70.
Hier wird hausgebackener Kuchen serviert. Schöner Blick auf den Fehmarnsund und auf die Brücke.

■ Restaurants

Hotel Schützenhof
Menzelweg 2, 23769 Burg a. F.,
☎ 0 43 71/96 02.
Reichhaltige Auswahl an Fischspezialitäten direkt am Hafen Burgstaaken.

■ Information

Breite Straße 28, 23769 Burg a. F., ☎ 0 43 71/30 54 und 30 55

Von Puttgarden zum Niobedenkmal

Länge ca. 11 km; Wanderdauer ca. 3 Stunden

Unsere Wanderung an der Nordküste der Insel beginnt in Puttgarden, dem „Tor zum Norden". Mit Eröffnung der Vogelfluglinie im Jahre 1963 ist das vorher völlig abgelegene kleine Dorf zu einem Brennpunkt des Weltverkehrs geworden. Hier verschwinden ganze Eisenbahnzüge, Autos und Menschen im Bauch der Schiffe. Den lebhaften Fährverkehr zur 19 Kilometer entfernten dänischen Nachbarinsel Lolland können wir auf den weit ins Meer hineingebauten Molendämmen miterleben. Das Molenbecken mußte errichtet werden, da eine natürliche Bucht fehlt. Die nördliche Ausgleichsküste ist von Natur aus hafenfeindlich. Die beiden Molen sind 630 bzw. 820 Meter lang, die Durchfahrt am Molenkopf ist 85 Meter breit. Ursprünglich war der Hafen 1.200 Meter weiter westlich des heutigen Standortes geplant. Nach den ersten Entwürfen von 1940 wurde dort sogar schon eine Mole gebaut. Dann ergaben Luftbildauswertungen und geologische Modelluntersuchungen jedoch, daß dieses Strandgebiet in der Ablagerungszone einer starken Sandverdriftung von West nach Ost liegt, die in den letzten Jahrhunderten zu vollkommen neuen Strandwallbildungen westlich von Puttgarden geführt hat. Die nicht mit dem Land verbundene Mole ist heute noch zu sehen und mittlerweile ein beliebter Angelplatz.

Nach der Molen- und Hafenbesichtigung wandern wir auf dem Deich oder direkt am Strand in Westrichtung. Nach drei Kilometern erreichen wir das Naturschutzgebiet „Grüner Brink". Bei diesem bereits im Jahre 1938 unter Schutz gestellten und im Jahr 1991 auf 81,5 Hektar erweiterten Naturschutzgebiet handelt es sich um eine alte Strandwallandschaft mit moorigen Seen

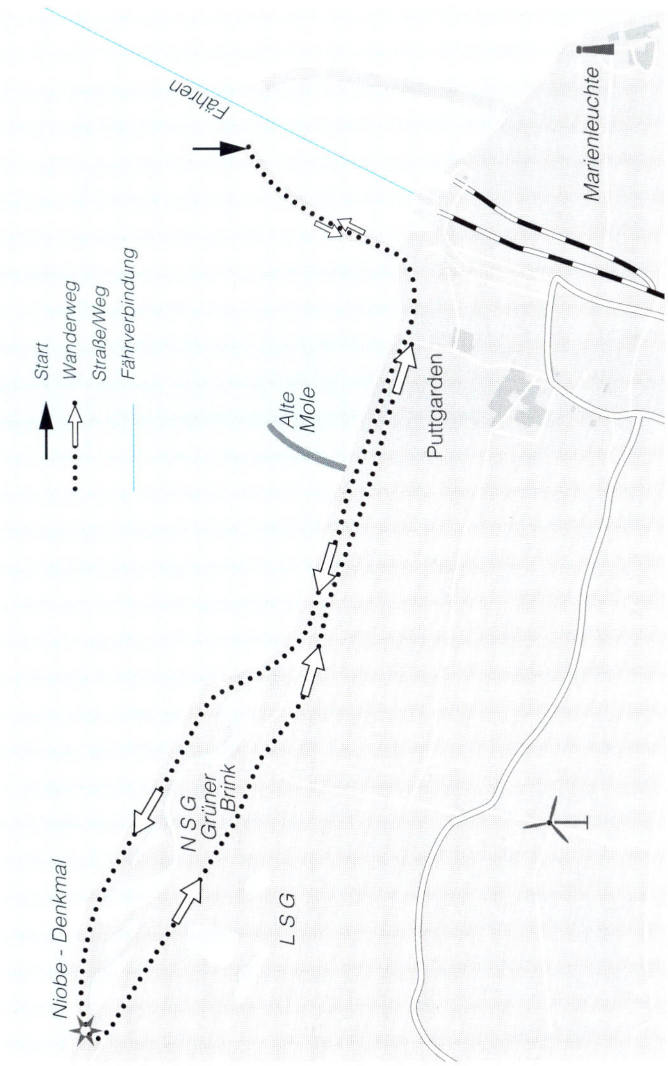
Fähren
Start
Wanderweg
Straße/Weg
Fährverbindung
Alte Mole
Puttgarden
Marienleuchte
N S G
Grüner
Brink
L S G
Niobe - Denkmal

Das „Tor zum Norden“ ist aufgetan: Im Inneren der Fehmarnbelt-Fähren verschwinden neben Autos auch ganze Eisenbahnwaggons. Die Schiffe benötigen für die rund neunzehn Kilometer lange Reise von Puttgarden zum dänischen Rødby auf Lolland etwa eine Stunde.

und brackigen Strandseen, die an einigen Stellen temporär mit der Ostsee in Verbindung stehen. Hier entstehen Pflanzengesellschaften von salzvertragenden Arten wie Queller, Strandsode und Andel. Auf den Strandwalldünen gedeihen Strandhafer, Salzmiere, Meersenf, Stranddistel und Meerkohl. Ein besonders prächtiges Bild bietet der Grüne Brink im August und September, wenn die Küstenheide violett blüht. Das Schutzgebiet wird ebenso gerne von Zug- wie von Brutvögeln in Anspruch genommen. Ferner findet hier eine artenreiche Amphibienwelt ihr Zuhause. Zahlreiche Bildtafeln informieren über das Leben der Vögel. Zäune und Hinweisschilder weisen die empfindlichsten Areale aus und bitten den Besucher, diese nicht zu betreten. Man kann den Deichweg allein entlangwandern oder sich im Sommer den täglichen naturkundlichen Führungen (auch am Abend) des Naturschutzbunds Deutschland (NABU) anschließen. Gruppen ab 10 Personen sollten sich unter ☎ 0 43 72/10 02 anmelden. Treffpunkt: Vogelwärterhaus; 10.30 Uhr.
Ein Fußweg führt uns schließlich in Strandnähe zum Niobedenkmal. Der Originalmast des am 26. Juli 1932 etwa 8 Kilometer von dieser Stelle im Fehmarnbelt gekenterten deutschen Segelschulschiffes (dessen Heimathafen Kiel war und im Volksmund als „Weißer Schwan der Ostsee" bezeichnet wurde) ist weithin sichtbar. Er erinnert an die mit 69 Todesopfern schlimmste Schiffskatastrophe vor Fehmarn im 20. Jahrhundert. Das Unglück – eine plötzlich hereinbrechende Gewitterbö brachte die Niobe minutenschnell zum Kentern – überlebten 40 Mann, darunter der später in einem Militärgerichtsverfahren von der Verantwortung für die Tragödie freigesprochene Kapitänleutnant Ruhfus. Das Denkmal, dessen Grundstein genau ein Jahr später am Strand von Gammendorf feierlich eingeweiht wurde,

Der Mast der Niobe am Strand von Gammendorf weist schon von weitem den Weg zum Niobedenkmal. Es erinnert an den tragischen Untergang des Segelschulschiffes im Jahre 1932, das im Großen Belt mitten im Sommer (26. 7. 1932) in einer Gewitterbö sank. 69 Seeleute starben, 19 wurden gerettet.

besteht neben dem Mast aus einem auf einem Sockel stehenden Findling und einer Bronzeplatte, deren Inschrift die Ideologie des Jahres 1933 widerspiegelt und nur als Zeitdokument zu ertragen ist. Nachdenklich lesen wir den letzten Satz: „Es ist nicht nötig, daß ich lebe, wohl aber, daß ich meine Pflicht tue."
Am Strand entlang oder auf dem Deich geht es zurück nach Puttgarden.

■ Naturschutzgebiet

Naturschutzgebiet „Grüner Brink"
Alte Strandwallandschaft mit moorigen Seen und brackigen Strandseen. Zahlreiche Bildtafeln informieren über das Leben der Vögel. Täglich naturkundliche Führungen (auch am Abend) des Naturschutzbunds Deutschland (NABU). Gruppen ab 10 Personen sollten sich unter ☎ 0 43 72/10 02 anmelden. Treffpunkt: Vogelwärterhaus; 10.30 Uhr.

■ Restaurants

Aussichtsrestaurant
Im Fährbahnhof Puttgarden, ☎ 0 43 71/86 69 30.
Fisch und Fleischspezialitäten, aber auch reichhaltige Gebäckauswahl.

Hotel-Restaurant Dania
Fährhafenstraße, 23769 Puttgarden, ☎ 0 43 71/86 60, Fax 86 61 66.
Das Haus ist wegen seines schönen Wandbilds nicht zu verfehlen; westlich vom Fährbahnhof gelegen.

Von Katharinenhof zum Leuchtturm Staberhuk und zurück

Länge ca. 15 km; Wanderdauer 3 Stunden

Wir beginnen die Wanderung, die man nur mit festem Schuhwerk antreten sollte, am langgestreckten Norderholz beim Campingplatz Ostsee. Bevor wir uns unten am Strand oder auf dem Pfad durch das wildwüchsige Gehölz Richtung Süden aufmachen, besteht die Möglichkeit, ein Megalithgrab aus der Jungsteinzeit aufzusuchen, das westlich vom Campingplatz auf freiem Feld zu finden ist.
Am steinigen Strandabschnitt (Blockstrand) bei Katharinenhof liegt die fehmarnsche Grundmoränenlandschaft quasi im Anschnitt vor. In dieser Kampfzone zwischen Festland und Meer können wir unsere erworbenen gesteinskundlichen Kenntnisse (s. S. 24–27) anwenden. Bunte Granite, grünschwarze Diabase, Gneise, Kalke, Sandsteine und Feuersteine liegen freigeschwemmt am Wasser. Das bewaldete Kliff ist ein bedeutender und bekannter Fundort des Tarras und seiner Fossilien. Dieses Material aus dem Alttertiär quillt im feuchten Zustand als olivgrüner Brei aus der Steilküste. Der normalerweise in 25 bis 75 Meter Tiefe abgesetzte Tarraston wurde nur hier an der Ostküste durch Gletscher an die Oberfläche geschoben – aufgepreßt, wie Geologen sagen. Mit Geduld und etwas Glück finden wir versteinerte Muscheln und Schnecken darin. Im ca. 50 Millionen Jahre alten Tarras können wir sogar fossile Haizähne entdecken. Bernstein werden wir wohl vergeblich suchen. Vielleicht kann man aber in der Heimat mit einem mitgebrachten Kinnekulle-Diabas oder einem Rhombenphorphyr ebensoviel Staunen hervorrufen.
Nach vier Kilometern kommen wir an dem alles über-

Start
Wanderweg
Straße/Weg
Waldpavillon
Ostsee-
Campingplatz
Lindenallee
Katharinenhof
Meeschendorf
Staberdorf
Staber
Holz
Gut
Staberhof
Staberhuk

Sogenannter Blockstrand an der Ostküste Fehmarns. An den steinreichen Strandabschnitten bei Katharinenhof finden sich die größten Findlinge der Insel. Zum Teil kann man an den Steinen (Geschiebe) anhand von Schürfungen oder Ritzungen eiszeitliche Prozesse nachvollziehen.

Den 23 Meter hohen Leuchtturm von Staberhuk halten viele für den schönsten der Insel Fehmarn.

ragenden 72 Meter hohen Radarturm einer Marinestation vorbei. Ein Stück weiter südlich findet sich oben am kleinen Parkplatz ein Toilettenhäuschen. Wir benutzen jetzt den Pfad an der Kliffkante, um unseren Weg zum Leuchtturm Staberhuk fortzusetzen. Nach wenigen hundert Metern steigen wir durch einen Knick und sehen dann mit dem etwa acht Hektar großen Staber Holz den einzigen „richtigen" Wald der Insel. Früher betrieben die Bauern in diesem Eichen-Hainbuchen-Wald eine Eichelmast für Schweine. Der Pfad führt uns links am Wald vorbei. Unten am Strand und im Wasser liegen die größten Findlinge der Insel. Einige von ihnen sind geschrammt. Nach wenigen hundert Metern treffen wir auf das Grundstück des Leuchtturms Staberhuk. Viele halten den 1903 gebauten und 23 Meter hohen Leuchtturm mit seiner roten Laterne und dem aufgesetzten Windpfeil für den schönsten und fotogensten der Insel. Das Laternengehäuse und die Optik sind aus zweiter Hand: Sie waren ursprünglich Bestandteile des alten englischen Helgoländer Leuchtturms, der bereits 1902 ausgedient hatte.
„Auf Fehmarn lernte ich die letzte Einheit von Mensch und Natur gestalten." Diese Erfahrung machte der Maler Ernst Ludwig Kirchner (1880–1938), einer der Hauptmeister des deutschen Expressionismus und Mitbegründer der Dresdener Künstlervereinigung „Die Brücke", zu Beginn des 20. Jahrhunderts hier im Südosten der Insel. Während mehrerer Sommeraufenthalte wohnte er bei dem Leuchtturmwärter Ernst Friedrich Lüthmann auf Staberhuk und schuf dort zahlreiche Fehmarnbilder. Noch heute trifft man in Burg und an der Südostküste Fehmarns auf mehrere Motive Kirchners. Wer allen Spuren dieses Künstlers folgen möchte, kann die auf der Insel eingerichteten vier Rad- und Wanderwege nutzen, für die der Ernst-Ludwig-Kirch-

ner-Verein eine spezielle Karte herausgegeben hat, die in den Büros der Kurverwaltung am Südstrand und der Insel-Information in Burg zu erwerben ist. Zu empfehlen ist ferner die Kirchner-Dokumentation, die im Rahmen einer Dauerausstellung in der Burger Stadtbücherei zu sehen ist. In den Sommermonaten veranstaltet der Kirchner-Verein dort sonntägliche Führungen. Auf Anregung von Ernst Ludwig Kirchner kamen mit Erich Heckel (1883–1970) und Lyonel Feininger (1871–1956) zwei weitere prominente Maler an die Ostküste der Insel und ließen sich von den bizarren Baum- und Küstenformen inspirieren.
Nachdem wir den Ausblick vom südöstlichsten Zipfel Fehmarns genossen haben, setzen wir die Wanderung fort, indem wir auf dem asphaltierten Weg rechts vorbei am Gut Staberhof zur nächsten Straße gehen. Wir wandern dort nach links, über Staberdorf nach Meeschendorf. Am Dorfeingang folgen wir zunächst der Straße nach Vitzdorf, dann aber dem zweiten Abzweig (Sackgassenschild) nach rechts, einem Wirtschaftsweg, der uns rechts am Ochsenberg vorbeiführt. An dessen Ende beginnt links ein Pfad, den wir bis zur nächsten Straße nehmen, wo wir uns nach rechts wenden.
Am Ende dieser schnurgeraden Lindenallee liegt das ehemalige Gut Katharinenhof, das – um 1760 entstanden – im Jahre 1928 in sieben kleine Siedlungen aufgeteilt wurde. Hier lohnt der Besuch des Katharinenhof-Museums. Die Sammlung des privat betriebenen Museums zeigt neben alten bäuerlichen Gerätschaften auch zahlreiche Raritäten des täglichen Gebrauchs aus früheren Zeiten wie zum Beispiel Musikspielgeräte, Tabakdosen, Kutschen und Schlitten sowie Mobiliar. Zu sehen sind ferner eine historische Schmiede, eine über hundertjährige Buchdruckerei, eine altertümliche Weberei und außerdem eine Schreinerei der Jahrhun-

dertwende. Ein Backhaus und eine beinahe 500 Jahre alte Rauchkate werden ihrer ursprünglichen Bestimmung gemäß genutzt: Der Besucher kann täglich frisches Steinofenbrot und würzig duftenden Katenschinken käuflich erwerben. Falls man diese leckeren Dinge nicht gleich verzehren möchte, bietet sich eine Einkehr in den Waldpavillon am Ausgangspunkt unserer Wanderung an.

■ Cafés

Waldpavillon
Katharinenhof, ☎ 0 43 71/21 24.
Torten und Gebäck aus eigener Herstellung. Schöner Meerblick.

■ Museum

Ernst-Ludwig-Kirchner-Haus
Bahnhofstraße 47, 23769 Burg a. F., ☎ 0 43 71/5 06 44.
Kirchner-Dokumentation, die im Rahmen einer Dauerausstellung in der Burger Stadtbücherei gezeigt wird. Die Öffnungszeiten richten sich nach denen der Stadtbücherei, die sich im selben Haus befindet: Mo. bis Fr. 9.30 bis 12 Uhr, (außer Mi.) 14.30 bis 18.30 Uhr.

Museum Katharinenhof
Katharinenhof, ☎ 0 43 71/12 30.
Die Sammlung besteht aus mechanischem Spielzeug, Musikspielgeräten, Kutschen, Schlitten, bäuerlichen Gerätschaften, Backhaus und Rauchkate, Töpferei, Weberei sowie Buchdruckerei. Täglich geöffnet von 11 bis 13 und 14 bis 17 Uhr.

■ Restaurants

Zur Linde
Dörpstraat 15, 23769 Staberdorf,
☎ 0 43 71/57 67.
Gutbürgerliche Küche im Südosten der Insel.

■ Information

Breite Str. 28, 23769 Burg a. F.,
☎ 0 43 71/30 54 und 30 35.

Burg – Burgstaaken – Südstrand – Meeschendorf – Sahrensdorf – Burg

Länge ca. 13 km; Dauer ca. 2,5 Stunden

Die Tour beginnt wieder an der St.-Nikolai-Kirche von Burg. Wir verlassen die Stadt wie auf Seite 68 beschrieben und kommen so zum Kommunalhafen der Stadt Burg in Burgstaaken. Wer mag, kann hier Frischfisch direkt vom Boot erwerben. Bevor wir in Burgstaaken den Hafen verlassen, kommen wir am Restaurant „Lotsenhus“ an einem Gedenkstein vorbei, der an die Gefangennahme eines dänischen Marinekapitäns im Jahr 1848 erinnert. Weiter geht es vom Hafen aus ostwärts am Nordrand des Burger Binnensees entlang über die Ortschaft Neue Tiefe zum Südstrand. Besonders markant sind hier die drei 16stöckigen Wolkenkratzer, die zum IFA-Ferienzentrum gehören. Der bedeutende dänische Architekt Arne Jacobsen (1902–1971) entwarf diese Gebäude, deren fast fensterlose Rückseiten mit einem Material ausgestattet sind, das den Farbcharakter des Himmels aufnimmt, damit sich so die untergehende Sonne in den Fassaden spiegelt.
Hier in Burgtiefe können wir den Burger Segel- und Yachthafen sowie die Burg Glambeck besuchen. Die unweit der Kurverwaltung gelegene einzige Burgruine Schleswig-Holsteins stammt aus der ersten Hälfte des 13. Jahrhunderts. Die als Wehrburg konzipierte Anlage diente dänischen und lübischen Amtmännern als Verwaltungssitz. Glambeck wurde wiederholt angegriffen, im Dreißigjährigen Krieg endgültig zerstört und dann dem Verfall preisgegeben. Mauerreste wurden noch einige Jahrzehnte danach von den Einheimischen beim Gebäudebau in den Dörfern benutzt. Erst 1908 wurde das Burggelände systematisch freigelegt und der Burg-

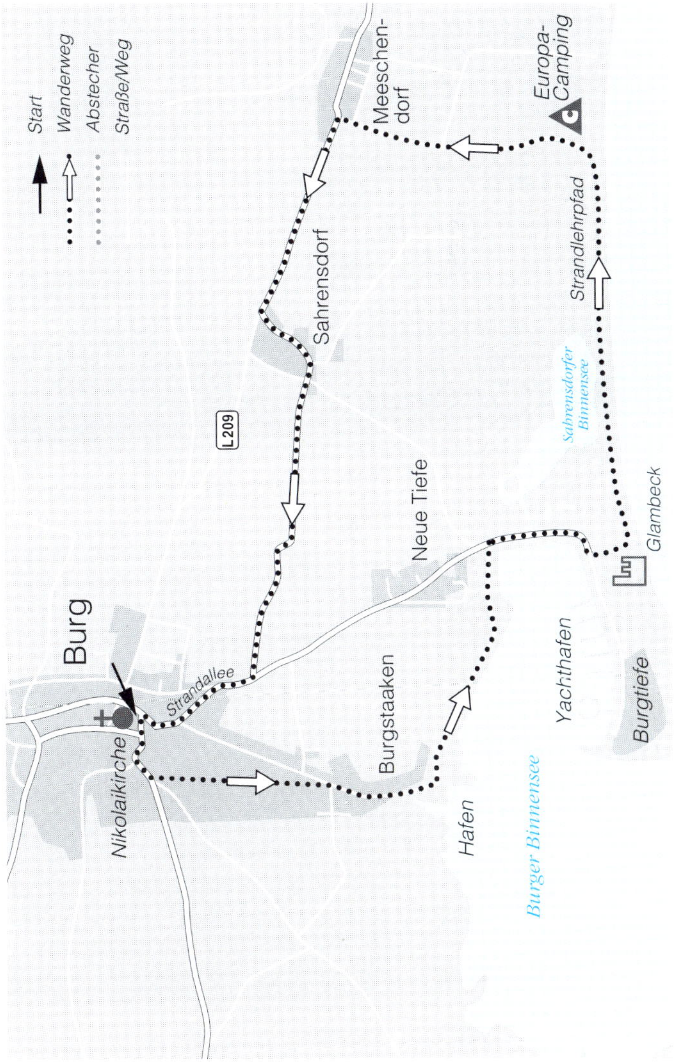
Start
Wanderweg
Abstecher
Straße/Weg
Burg
Nikolaikirche
Strandallee
Burgstaaken
Hafen
Burger Binnensee
Yachthafen
Burgtiefe
Neue Tiefe
L209
Sahrensdorf
Meeschen-
dorf
Europa-
Camping
Strandlehrpfad
Sahrensdorfer
Binnensee
Glambeck

Yachthafen am Südstrand, hinten die Burger St.-Nikolai-Kirche.

Wahrzeichen des Südstrands: das IFA-Ferienzentrum.

graben in seine heutige Form gebracht. Bei diesen Arbeiten entdeckte man u. a. alte Waffen, historische Münzen und Ringe sowie Knochenreste von Tieren, die einst auf Fehmarn heimisch waren (Elch, Damhirsch, Reh).
Auf der Kurparkpromenade geht es weiter Richtung Osten, vorbei am Sahrensdorfer Binnensee. Die Promenade geht bald in den 1995 eröffneten Bohlenweg über, der uns als Naturlehrpfad durch die Primärdünen am Südstrand führt. Dieser an der Ostseeküste bisher einzigartige Bohlenweg wurde vom Umweltrat der Insel konzipiert und vom schleswig-holsteinischen Umweltministerium finanziell gefördert. Nach ca. 1,5 Kilometern verlassen wir den Strand und wandern landeinwärts nach Meeschendorf. Vorher kann am Europa-Campingplatz eine Runde Minigolf gespielt werden. An der L 209 bewegen wir uns anschließend nach Sahrensdorf. Von hier aus kann man in den Ferienmonaten Juli und August eine Kutschfahrt nach Burg arrangieren (Hof Clausen, ☎ 0 43 71/31 39). Wer lieber gehen möchte, folgt am südlichen Dorfausgang dem Klemmweg zur rechts nach Burg führenden Strandallee.

■ Restaurants

Europa-Klause
Campingplatz Europa-Camping (Meeschendorf) ☎ 0 43 72/61 34. Gemütliche Restauration; für unsere Touren günstig gelegen.

Lotsenhus
Burgstaaken (beim Parkplatz am Hafen), ☎ 0 43 71/55 97. Im ehemaligen Haus der Lotsen wird leckerer Fisch serviert.

Zum Goldenen Anker
Burgstaaken 63,
☎ 0 43 71/31 63.
In der urigen Hafenkneipe (Fischrestaurant) gibt es u. a. köstlichen Matjes.

Rundtour von Kirche zu Kirche: Burg – Bannesdorf – Petersdorf – Landkirchen – Burg

Länge ca. 29 km; Streckendauer ca. 3 Stunden

Diese Radtour führt uns zu vier bauhistorischen Kostbarkeiten: den Kirchen der Insel. „Die Burger ist die größte, die Petersdorfer die höchste, die Landkirchener die feinste und die Bannesdorfer die kleinste“, so der Volksmund über die Kirchen Fehmarns. Auch in der Stellung der Kirchen zu den Siedlungskomplexen bestehen Unterschiede. Während die Gotteshäuser von Burg, Bannesdorf und Petersdorf außerhalb des alten Siedlungsverbandes liegen und auf Form und Ausrichtung des Ortes keinen Einfluß haben, bildet die St.-Petri-Kirche von Landkirchen mit ihrer zentralen Lage den Kern des Dorfes. Hier ist die Siedlung erst entstanden, als die Kirche bereits vorhanden war. Trotz dieser Unterschiede spiegeln alle Kirchen mit ihrer Ausstattung den Wohlstand der fehmarnschen Bauerngeschlechter wider. Über die Geschichte der Gotteshäuser, die im Jahre 1420 durch die Brandschatzung der Dänen stark in Mitleidenschaft gezogen worden sind, gibt es gesicherte Übermittlungen. Die Landkirchener Kirche wird 1234, die Burger und Petersdorfer nach 1240 und die Bannesdorfer Kirche im Jahre 1359 zum ersten Male genannt.

In Burg steht zunächst die St.-Nikolai-Kirche auf dem Besichtigungsprogramm (siehe „Kleiner Stadtrundgang durch Burg“, S. 61). Um von der größten gleich zur kleinsten der fehmarnschen Kirchen zu fahren, nehmen wir die Priesterstraße und den Blieschendorfer Weg (K 43) Richtung Westen, die uns zum Radweg (ehemalige Bahntrasse) geleiten, der die K 43 kreuzt. Auf diesem geht es nordwärts bis zum Landkirchener Weg. Gegenüber, in der Straße Am Steinkamp, fahren wir

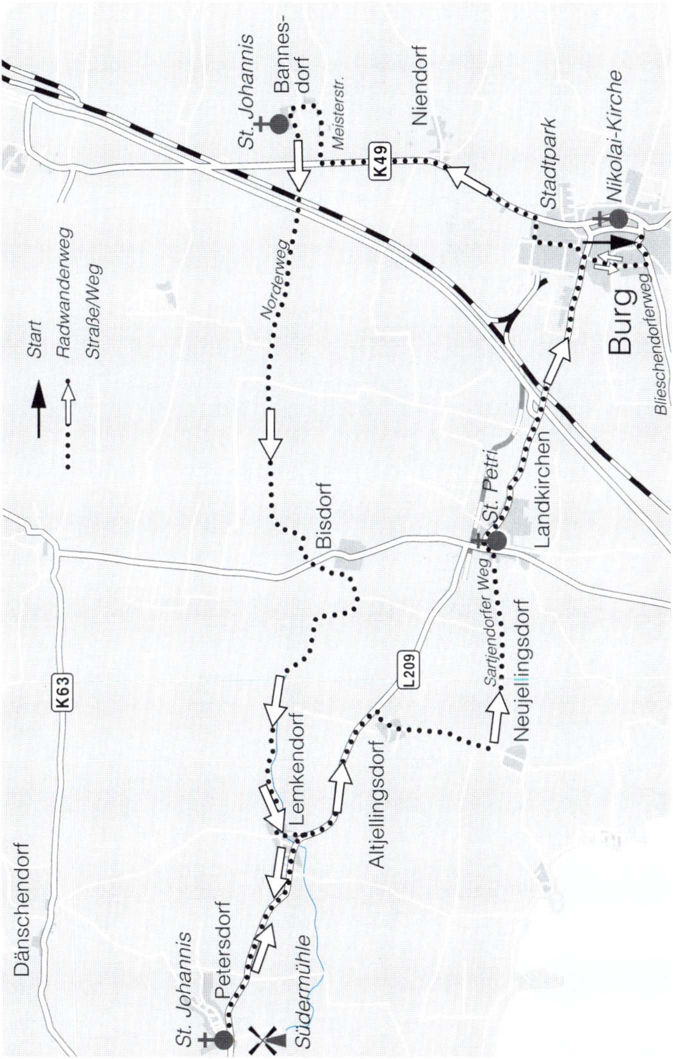
Start
Radwanderweg
Straße/Weg
St. Johannis
Bannes-
dorf
Meisterstr.
Niendorf
K49
Stadtpark
Nikolai-Kirche
Norderweg
Burg
Blieschendorferweg
Bisdorf
St. Petri
Landkirchen
Sartjendorfer Weg
Neujellingsdorf
L209
K63
Lemkendorf
Altjellingsdorf
Dänschendorf
St. Johannis
Petersdorf
Südermühle

links am Stadtpark vorbei 500 Meter weiter nach Norden. Die Gorch-Fock-Straße rechts führt uns zum Niendorfer Weg (K 49), dem wir nach Norden folgen, um auf dem Radweg über Niendorf nach Bannesdorf zu gelangen. Dort biegen wir gleich rechts in die Meisterstraße. Die Paradieskoppel und der Sonnenwinkel führen uns schließlich zum zweiten Etappenziel.
Das genaue Baujahr der ebenso schlichten wie eindrucksvollen Bannesdorfer St.-Johannis-Kirche ist unbekannt. Der erst 1701 errichtete hölzerne Glockenturm wurde 1927 durch ein Großfeuer im Dorf erheblich beschädigt. Er ist mit der viertältesten Glocke Schleswig-Holsteins bestückt. Der Innenraum dieser ursprünglich ganz aus Feldstein gebauten Kirche ist schlicht gehalten. Wir entdecken unter anderem Reste spätgotischer Wandbilder, einige Epitaphien und erhöhte Barocklogen. Sehenswert sind ferner der Rokokohochaltar aus dem Jahr 1777 und die alte romanische Kalksteintaufe (von 1240) mit Rundbogenverzierung von der Insel Gotland sowie der alte Klingelbeutel. Die vorhandene silberne Abendmahlkanne soll im Jahre 1782 für 210 Mark angeschafft worden sein. Besichtigungen täglich 9 bis 17 Uhr; Führungen nach Absprache: Pastorat ☎ 0 43 71/33 41.
Wir setzen unsere Kirchentour fort, indem wir Bannesdorf in Richtung Westen über die Bürgermeister-Scheffler-Straße verlassen. Anschließend folgen wir dem Norderweg. Immer geradeaus geht es weiter auf einer ruhigen Straße über Hinrichsdorf nach Bisdorf. In diesem schönen Dorf mit vielen alten Höfen und mächtigen Scheunen – manche halten es gar für das schönste der Insel – lebte der Heimatforscher Peter Wiepert (1890–1979). In Fahrtrichtung Westen folgen wir der Beschilderung nach Lemkendorf, wo es dem aufmerksamen Radler nicht entgeht, daß Lemkendorf ein klas-

Das kleinste Gotteshaus Fehmarns ist die St.-Johannis-Kirche in Bannesdorf. Der erst im Jahre 1701 errichtete hölzerne Glockenturm ist mit der viertältesten Glocke Schleswig-Holsteins bestückt.

sisches Fortadorf ist (s. S. 54). Auf dem Radweg an der Landstraße 209 geht es weiter nach Petersdorf, dem Hauptort der Gemeinde Westfehmarn. Der alte Bahnhof nebst Bahnhofshotel lassen einen früheren Anschluß an das Netz der Inselbahn erahnen. Unser Ziel, die St.-Johannis-Kirche, ragt weithin sichtbar über das Land. Ihr 64 Meter hoher Turm aus Granitstein, im 16. Jahrhundert erbaut, wird seit Jahrhunderten von der Schiffahrt als Tagesmarke in Belt und Sund benutzt. Er ist bis zu 20 Meilen über See sichtbar. Die imposante gotische Backsteinhalle mit großem Chor und Gewölbe wurde im späten 15. Jahrhundert von zwei auf drei Schiffe erweitert. Der Kirchplatz von St. Johannis strahlt Ruhe und Frieden aus. Der um die Kirche herum angelegte Friedhof sowie die von alten Linden und Backsteinhäuschen gesäumten schmalen Kopfsteinpflasterwege bilden eine Atmopsphäre von bemerkenswerter Harmonie, der allein schon den Ausflug nach Petersdorf wert ist.
Auch der Innenraum der St.-Johannis-Kirche sollte unsere Beachtung finden. Neben den prächtigen Renaissance- und Barockepitaphien sowie dem alten Taufbecken (13. Jahrhundert) aus gotländischem Kalkstein zählt vor allen Dingen der Dreiflügelaltar zu den Kostbarkeiten der Ausstattung. Diese Lübecker Schnitzarbeit wurde gegen Ende des 14. Jahrhunderts gefertigt und zeigt unter einem fein ausgeführten Baldachin Maria mit dem Kind und die zwölf Apostel als vollplastische Figuren. Das hölzerne Sakramentshaus (15. Jahrhundert), die Kanzel (16. Jahrhundert) und die spätgotische Kreuzgruppe sind ebenfalls sehenswert.
In den Sommermonaten finden hier wie in den Kirchen von Burg und Landkirchen regelmäßig Konzerte statt. St. Johannis genügt mit der nachträglich auf 33 Register erweiterten vorzüglichen Marcussenorgel und der aus-

Die Südermühle in Petersdorf beherbergt ein behagliches Restaurant.

gezeichneten Akustik des alten Kirchenraums auch hohen Konzertansprüchen. Pastorat: ☎ 0 43 72/2 09.
In Petersdorf bieten sich ein Picknick am Dorfplatz mit dem beschaulichen Teich oder die Einkehr in die Südermühle an. Letztere ist eine ehemalige Windmühle aus dem Jahre 1893, die heute ein Restaurant der gehobenen Kategorie beherbergt.
Wir verlassen Petersdorf auf dem Radweg an der L 209 Richtung Osten. In Altjellingsdorf biegen wir rechts ab nach Neujellingsdorf. Kurz vor der Ortschaft nehmen wir links den Sartjendorfer Weg, der uns direkt zur St.-Petri-Kirche von Landkirchen führt. Der Ort stellt den geographischen und historischen Mittelpunkt der Insel dar. Bis zum Jahre 1867 war Landkirchen Tagungsort der „Fehmarnschen Landschaftsversammlung", so der Name der damaligen Inselverwaltung. Alle wichtigen Dokumente dieser Landschaft befanden sich im „Landesblock", einer schweren Eichentruhe, die mit drei gewaltigen Schlössern gesichert wurde. Sie konnte nur von den drei Amtmännern gemeinsam geöffnet werden. Siegel und Dokumente wurden 1873 an das Staatsarchiv in Kiel gegeben; die Truhe kann bis heute in der Kirche bewundert werden.
St. Petri ist eine dreischiffige frühgotische Hallenkirche aus Backstein, deren Chor in spätgotischer Zeit erweitert wurde. Die Westwand ist durch Portal und Blendenschmuck eigenwillig gegliedert. Das hölzerne Glokkenhaus neben der Kirche stammt aus dem 17. Jahrhundert. Auf der Kirche selbst sitzt nur ein kleiner, aber wesentlich älterer Dachreiter mit einem Glöckchen.
Die ungewöhnlich reiche Innenausstattung aus Mittelalter und Barock ist Ausdruck der einstigen Bedeutung des Ortes für die gesamte Insel. Hervorzuheben sind neben dem gotischen Marienleuchter mit doppelseitiger

Strahlenmadonna aus dem 15. Jahrhundert die kunstvoll geschnitzte Kanzel, die Barocktaufe aus dem Jahr 1735, der kleine gotische Nebenaltar und die reich verzierten Bauernlogen, die ebenfalls aus dem 18. Jahrhundert stammen. Etwas Besonderes sind die wertvollen Votivschiffe: Das prachtvollste ist die hanseatische Kriegskogge, die im Jahre 1617 von Fehmaraner Schiffern gestiftet wurde. Das detailgetreue Modell mit drei rahgetakelten Masten und 32 Kanonen auf zwei Batteriedecks gilt als eines der ältesten seiner Art in Nordeuropa.
Pastorat: ☎ 0 43 71/68 94.
Für die Rückfahrt nach Burg nehmen wir den Radweg entlang der L 209.

■ Information

Verkehrsverein Landkirchen
☎ 0 43 71/24 36

■ Cafés

Langes Gasthof
Mittelstraße 6, 23769 Petersdorf,
☎ 0 43 72/13 33.
Im Sommer hausgebackener Kuchen auf der Caféterrasse.

Café Sorgenfrei
23769 Orth, ☎ 0 43 72/12 58.
Sehr schön die schattigen Plätze unter Walnußbäumen mit Blick auf den alten Hafen. Spezialität: Quark mit roter Grütze, Müsli und Krokant.

■ Restaurants

Südermühle
23769 Petersdorf,
☎ 0 43 72/6 36.
Die Mühlenatmosphäre wurde erhalten. Fischgerichte, z. B. den sehr guten „Aal auf Stroh", in heißer Pfanne auf Stroh serviert, ißt man auf dem Absackboden. Eine Wendeltreppe führt auf den Steinboden in der ersten Etage.

Dat ole Aalhus
Haupstraße 39a, 23769 Landkirchen, ☎ 0 43 71/91 99, Fax 29 41.
Fischgerichte in einer rustikalen fehmarnschen Fachwerkscheune (gegenüber der Kirche). Im Sommer mit Biergarten.

Mit dem Fahrradbus „Fehmarn-Ferien-Linie" zum Wasservogelreservat Wallnau

Rückfahrt mit dem Fahrrad: kurz 15 km, lang 24 km; Dauer gut 1 bzw. 2 Stunden

Die Modalitäten zur Fehmarn-Ferien-Linie sind auf Seite 185 geschildert.

Wir steigen in Burg mit dem Fahrrad in den Bus und fahren zum Wasservogelreservat Wallnau – oder umgekehrt, falls der Wind von Osten kommt. Über Landkirchen, Altjellingsdorf, Lemkendorf, Petersdorf und Bojendorf geht es nach Wallnau.

Das 297 Hektar große ehemalige Teichgut Wallnau an der Südwestküste Fehmarns gehört als Naturschutzgebiet zu den wenigen deutschen Feuchtgebieten mit internationaler Bedeutung. Die Geschichte des heutigen Reservats nahm einen wechselvollen Verlauf: Auf einer Fehmarnkarte von 1825 sucht man Wallnau vergeblich. An seiner Stelle findet der Betrachter ein durch einen Strandwall geschütztes Haff (Noor), das erst im Jahre 1864 durch einen privaten Deich besseren Schutz erhielt. Der Ingenieur Gustav Kröhnke, der um jene Zeit auch schon Pläne für eine Eisenbahnlinie von Hamburg nach Kopenhagen entwickelte, nutzte die auf diese Weise gewonnene 400 Hektar große Fläche als Weideland. Doch der Landgewinn war nur von kurzer Dauer. Im November 1872 wurde das Gebiet von einer Sturmflut völlig überschwemmt. Kröhnke mußte wenig später das Gut verkaufen.

Erst nach dieser Flutkatastrophe wurde an der Westküste ein Landesschutzdeich angelegt. Der zwischen diesem Deich im Osten und den Strandwällen im Westen gelegene Kopendorfer See wurde durch eine Dampfmühle trockengelegt und landwirtschaftlich genutzt. Um 1910 unterteilten die damaligen Besitzer, die Fami-

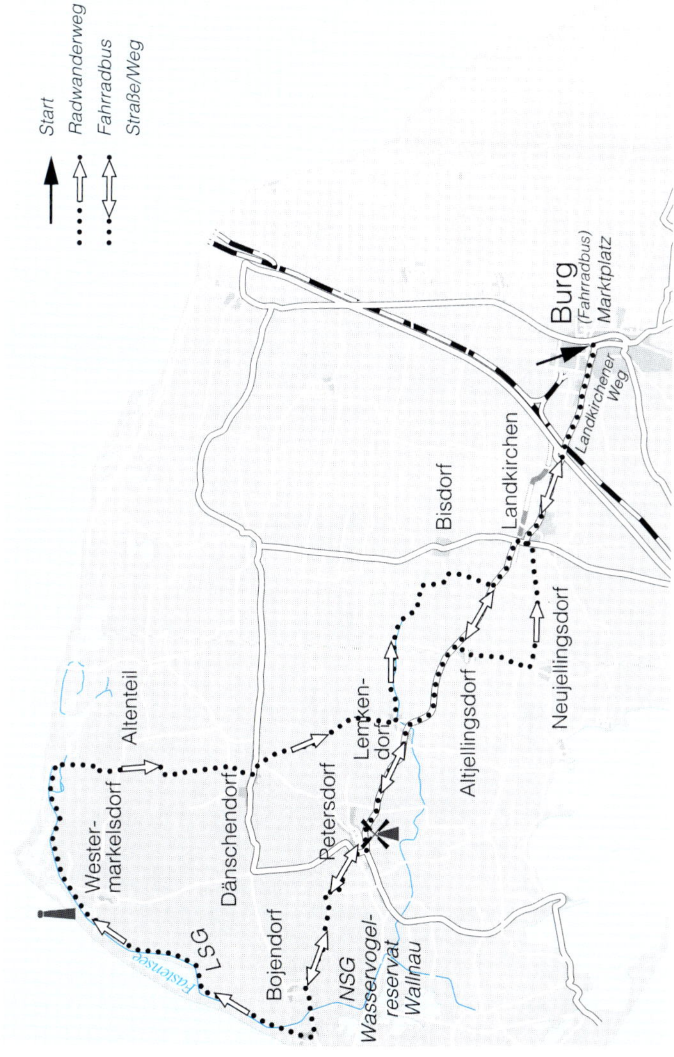
Start
Radwanderweg
Fahrradbus
Straße/Weg
Burg
(Fahrradbus)
Marktplatz
Landkirchener Weg
Landkirchen
Bisdorf
Neujellingsdorf
Altjellingsdorf
Lemken-
dorf
Altenteil
Wester-
markelsdorf
Dänschendorf
Petersdorf
Bojendorf
LSG
Fastensee
NSG
Wasservogel-
reservat
Wallnau

lie Franck, diese trockengelegte Niederung durch Dämme und legten mehrere große Teichflächen an. So entstand die seinerzeit größte Karpfen- und Schleizucht Schleswig-Holsteins. Aber auch dieser Kultivierungsarbeit war ein wäßriges Schicksal beschieden: Die Sturmflut vom Dezember 1913 zerriß den Deich abermals und zerstörte durch Salzwassereinwirkung die Zuchtteiche. Trotzdem wurde in Wallnau noch bis 1963 Teichwirtschaft betrieben. Große Scharen Wasservögel fanden an den ausgedehnten Wasserflächen und in den Schilfgürteln einen idealen Lebensraum.
Mit dem Ende der teichwirtschaftlichen Nutzung zog Anfang der siebziger Jahre die Gefahr herauf, daß dieses einzigartige Feuchtgebiet zu einer intensiv genutzten Freizeitanlage umgestaltet und somit seines ökologischen Wertes beraubt werden würde. Diese Entwicklung rief die Mitglieder des Deutschen Bundes für Vogelschutz e.V. (DBV) auf den Plan. Im Jahre 1975 wurde Wallnau mit maßgeblicher Unterstützung der Zoologischen Gesellschaft von 1858 (mit Prof. Bernhard Grzimek an der Spitze), des Landes Schleswig-Holstein und des Kreises Ostholstein für 1,1 Millionen DM vom DBV erworben. Seit 1977 steht das Gebiet unter Naturschutz und wurde zu einem Wasservogelreservat umgestaltet. Der ehemals reine Vogelschutzverein DBV hat sich mittlerweile zu einem modernen Naturschutzverband „gemausert" und heißt heute Naturschutzbund Deutschland (NABU).
Im heutigen Wallnau ist der Mensch nur Zaungast und darf mit dem Fernglas durch schmale Sehschlitze aus gesicherten Beobachtungsstationen (nach dem Vorbild der britischen Royal Society for the Protection of Birds entworfenen „Hides") und vom Aussichtsturm die Vogelwelt unbemerkt beobachten. In den Sommermonaten kann man das Schutzgebiet allein oder unter

Auf Tuchfühlung mit der Natur: Das an der Westküste Fehmarns gelegene, knapp dreihundert Hektar große Naturschutzgebiet Wasservogelreservat Wallnau gehört zu den wertvollsten und interessantesten Sehenswürdigkeiten an der Ostsee.

Die Eiderente (hier ein fast ausgefärbtes Männchen) können wir in Wallnau beobachten.

sachkundiger Führung auf Naturlehrpfaden durchwandern und die über 80 Brutvogelarten beobachten. In Wallnau finden die Zugvögel noch Naturlandschaften, in denen sie rasten und Nahrung und Kraft für den Weiterflug schöpfen können. An der Schwelle zwischen Skandinavien und Mitteleuropa gelegen, stellt Fehmarn im Frühling und Herbst für Land- und Wasservögel einen Knotenpunkt zweier Zugwege dar. Diese beiden Zugvogelstrecken werden von den Ornithologen als Fehmarn-Landweg bzw. Fehmarn-Nordsee-Wasserweg bezeichnet. Im Jahreslauf überfliegen Wasser-, Wat-, Sing- und Greifvögel die Insel zu Tausenden. Nicht nur seltene und vom Aussterben bedrohte Vogelarten wie Sandregenpfeifer, Säbelschnäbler oder Rothalstaucher kann man in Wallnau sehen, der Besucher findet auch eine artenreiche Amphibienwelt und eine intakte Flora vor. Im Sommer bietet Wallnau außerdem zahlreiche Einzelveranstaltungen an. Im naturkundlichen Informationszentrum des alten Gutshauses, das auch eine umfangreiche Dauerausstellung, ein Vogeldiorama und einen Umweltladen beherbergt, werden Vorträge gehalten. Ferner werden spezielle Abendführungen sowie Führungen durch den Biogarten angeboten. Für Kinder gibt es an zwei Tagen in der Woche ein eigenes Programm. Hier können spielerisch Erfahrungen mit der Natur gesammelt werden. Die Kinder lernen, Geräusche zu erfassen, das Gequake der Frösche, den Gesang der Vögel, verschiedene Gerüche wahrzunehmen, Oberflächen wie die Borke von Bäumen zu ertasten und anderes mehr.

Wer nach der Besichtigung Wallnaus auf direktem Weg nach Burg zurück möchte, nimmt den Bojendorfer Weg nach Petersdorf. Ab hier, wie unter Radtour „Von Kirche zu Kirche“ auf S. 94 beschrieben, zurück nach Burg. Die (längere) Alternative führt uns auf dem Deich Richtung Norden, vorbei am Fastensee nach Westermarkelsdorf und weiter zum Leuchtfeuer. Der 18 Meter hohe polygonale Turm von Westermarkelsdorf wurde im Jahre 1882 fertiggestellt. Leider ist auch dieser Turm nicht zu besichtigen, und so setzen wir unsere Tour zunächst auf dem Deich fort, folgen dann aber rechts dem Abzweig nach Altenteil und weiter nach Dänschendorf. In Hein und Beas Scheune (Café und Naturkostladen) gibt es schmackhafte Vollwertkost zur Stärkung. Anschließend nehmen wir die Lemkendorfer Straße zum gleichnamigen Dorf. Am Dorfeingang orientiert man sich nach links, um den Schildern mit der roten 5 nach Landkirchen zu folgen. Von dort geht es auf dem Radweg entlang der L 209 (Meisterstraße, Letzter Heller, Landkirchener Weg) nach Burg zurück.

■ Information

Information zum Fehmarn-Bus:
Umweltrat der Insel Fehmarn
Geschäftsstelle Amt Fehmarn,
Bahnhofstr. 5, 23769 Burg a. F.,
☎ 0 43 71/5 08 21.

Wasservogelreservat Wallnau
23769 Westfehmarn,
Informationszentrum,
☎ 0 43 72/10 02, Fax 14 45.
Wasservogelreservat von internationaler Bedeutung. Juni bis August: täglich 9 bis 18 Uhr; November bis März: nach Bedarf; übrige Monate: täglich 10 bis 17 Uhr. Gruppen werden um Anmeldung gebeten.

■ Cafés

Hein und Beas Scheune
Dorfstraße 15, 23769 Dänschendorf, ☎ 0 43 72/3 97.
Leckerer „Öko-Kuchen" und vieles mehr.

Wallnaucafé
Kleiner Cafébetrieb direkt am Informationszentrum.

Von Landkirchen zum Mühlenmuseum und zum Flügger Leuchtturm

Länge ca. 22 km; Streckendauer ca. 3 Stunden

Wir verlassen Landkirchen Richtung Süden (L 217) und folgen über Teschendorf und Westerbergen den Schildern mit der roten 5 nach Lemkenhafen, das einst (in der zweiten Hälfte des 15. Jahrhunderts) die Lübschen Stadtrechte besaß. An diese Zeit erinnert das „Stadtwappen", welches ein Lämmchen mit holsteinischem Nesselblatt zeigt. Der schmucke Yachthafen, eine urige Aalkate und das Mühlenmuseum sind weitere Anziehungspunkte dieser Ortschaft.

Das Mühlen- und Landwirtschaftsmuseum ist in einer 1787 von dem Kornhändler und Schiffsreeder Joachim Rahleff erbauten Segelwindmühle untergebracht. Es handelt sich hierbei um einen Galerieholländer, dessen mit Segeltuch bespannte Flügel mittels eines Steertes von der umlaufenden Galerie her in den Wind gedreht werden müssen. Sie ist nicht nur die letzte betriebsfähige Mühle Fehmarns, sondern auch das letzte Exemplar einer Segelwindmühle in ganz Europa. Bis zum Jahre 1953 wurden hier Gerste und Weizen zu Grütze und Graupen gemahlen. Die Innenausstattung der „Jachen Flünks" (hochdeutsch: Eilende Flügel) genannten Mühle ist vollständig erhalten. Einen Hauch der alten Zeit verspürt der Besucher des Mühlenmuseums noch heute, wenn bei guten Windverhältnissen während der Saison die voll funktionsfähige Mühle in Betrieb genommen wird. Man kann im Inneren bis zum Stockwerk unterhalb der Kappe steigen.

Das eigentliche Museum besteht seit 1961. In der Mühle und im Speicheranbau sind dokumentarisches und bildliches Material zur Geschichte der fehmarnschen Mühlen und ihrer Besitzer sowie eine volkskundliche

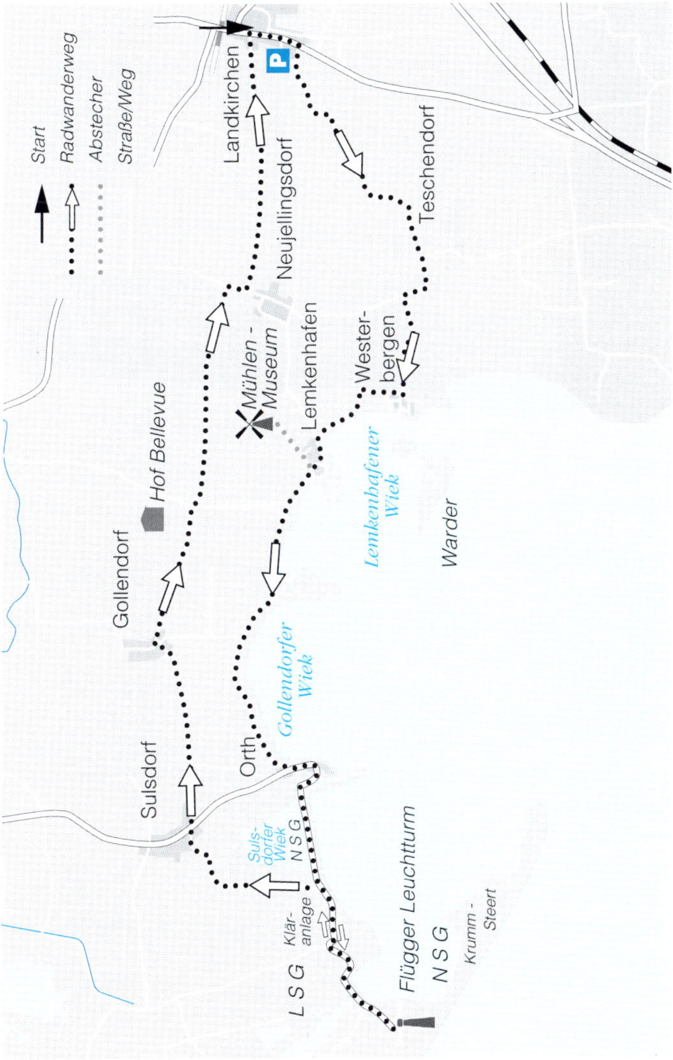
Start
Radwanderweg
Abstecher
Straße/Weg
Landkirchen
Neujellingsdorf
Teschendorf
Mühlen-
Museum
Lemkenhafen
Wester-
bergen
Hof Bellevue
Gollendorf
Lemkenhafener
Wiek
Warder
Gollendorfer
Wiek
Orth
Sulsdorf
Suls-
dorfer
Wiek
NSG
Klär-
anlage
Flügger Leuchtturm
NSG
LSG
Krumm-
Steert

Gerätesammlung ausgestellt. Ferner existiert eine Sammlung zur Flora Fehmarns.
Nach der Besichtigung fahren wir zum Deich zurück, auf dem es entlang der Gollendorfer Wiek nach Orth geht, dem zweiten fehmarnschen Hafenplatz. Er wurde 1881 angelegt und hat im Gegensatz zu Burgstaaken sein ursprüngliches Erscheinungsbild im wesentlichen bewahrt. Auf der Westseite des Hafens steht ein Denkmal Kaiser Wilhelms I. aus dem Jahre 1890.
Auf dem Deich geht's weiter Richtung Westen. Bei der Kläranlage lassen wir die Räder stehen und gehen zu Fuß weiter, um zum Flügger Leuchtturm zu gelangen. Vom erhöhten Niveau aus hat man schöne Einblicke in das einstige Teichgebiet der Sulsdorfer Wiek, aber auch über die Orther Reede und weiter über die Salzwiesenzone. Die Sulsdorfer Wiek ist eine ehemalige Meeresbucht, die im Jahre 1874 infolge der großen Sturmflut von 1872 durch den Landesschutzdeich von der Orther Reede abgetrennt und für die Karpfenzucht eingerichtet wurde.
Das im Jahre 1980 unter Schutz gestellte und eine Gesamtfläche von 298 Hektar umfassende Naturschutzgebiet Krummsteert-Sulsdorfer Wiek besteht aus einem jungen Nehrungshaken mit Strandwällen und flachen Dünen sowie naturnahen oder extensiv genutzten Salzwiesen, flachgründigen Teichen und Wasserflächen der Orther Reede. Das den Strandhaken aufbauende Material stammt von einer großen submarinen (= untermeerischen) Abtragungsfläche, die vor der Westküste der Insel liegt. Die gleichfalls vom NABU betreute Strandwallhalbinsel Krummsteert, die infolge ihrer abgeschiedenen Lage und der rezenten (= gegenwärtigen) Entwicklung des Hakens noch ein verhältnismäßig ursprüngliches Pflanzenkleid trägt, darf weder von Land noch von See aus betreten werden. So kön-

Die Segelwindmühle in Lemkenhafen ist einmalig in Europa.

nen Erstbesiedler wie Meersenf, Klebriges Greiskraut und Binsen-Quecke sowie andere Strand-, Strandwall-, und Dünenpflanzen ungestört wachsen. In den Feuchtbiotopen leben Gras-, Moor- und Wasserfrosch sowie Teich- und Kammolch. Die Ruhe am Krummsteert sichert Bruterfolge der gefährdeten Strandbrüter: Sandregenpfeifer, Zwerg- und Küstenseeschwalbe haben ohne Störung gute Zuwächse. In der Sulsdorfer Wiek sieht man brütende Rothalstaucher, Haubentaucher und sogar die gefährdete Trauerseeschwalbe. Die randliche Schilfzone bietet Lebensraum für Schilf- und Teichrohrsänger. Während des Vogelzuges finden hier nordische Gäste wie Brachvögel, Bekassinen, verschiedene Wasserläufer- und Strandläuferarten sowie Pfuhlschnepfen ihre Nahrung.
Der rotweiß geringelte Bilderbuch-Leuchtturm von Flügge ist mit einer Höhe von über 40 Metern der höchste Leuchtturm Fehmarns. Im Jahre 1872 war er mit einem 16 Meter hohen Turm in Betrieb genommen worden; seit 1916 markiert der heutige Bau die Südwestecke der Insel. Die 162 Stufen zur (ehemaligen) Aussichtsplattform bleiben uns leider versperrt.
Auf einer Wiese am Flügger Strand fand übrigens im September 1970 ein bemerkenswertes Love-and-Peace-Festival statt. Neben weltbekannten Größen wie Ginger Baker, Alexis Korner, Canned Heat, Mungo Jerry und Rod Stewart (in einer Vorgruppe!) trat auch Jimi Hendrix auf. Ein nicht zu übersehender Gedenkstein auf dem Grünland nördlich von Püttsee enthält eine Inschrift und zeigt ein Relief des Stargitarristen. Der als Höhepunkt während eines Revivalfestivals im Jahre 1995 hier aufgestellte Findling erinnert daran, daß Hendrix damals auf Fehmarn sein letztes Konzert gab und wenige Tage später in London unter mysteriösen Umständen starb.

Wieder zurück bei den Rädern, fahren wir von der Kläranlage aus links vorbei an der Sulsdorfer Wiek nach Sulsdorf (rote 4). Dort radeln wir ostwärts weiter nach Gollendorf, wo wir wieder den Schildern mit der roten 4 bis zur nächsten Querstraße folgen. Dort biegen wir rechts und gleich wieder links in einen schmalen Feldweg ein, der uns immer ostwärts zur Straße nach Neujellingsdorf geleitet. Am Dorfeingang folgen wir der Beschilderung zurück nach Landkirchen.

■ Information

Gewerbeverein Westfehmarn
23769 Petersdorf,
☎ 0 43 72/4 00 (= Anrufbeantworter. Telefon ist ab 18.30 Uhr besetzt).

■ Restaurants

Aalkate
23769 Lemkenhafen,
☎ 0 43 72/5 32.
Stimmungsvolle Fischräucherei in einem alten Fachwerkhaus von 1760. Es gibt schmackhafte über Buchenholz geräucherte Fische direkt in die Hand.

Hof Bellevue Restaurant
Hof Bellevue (ca. 1,5 Kilometer nördlich von Lemkenhafen),
☎ 0 43 72/99 70 28,
Fax 99 70 88.
Wild aus heimischem Revier. Speisen à la carte ab 18 Uhr. Reservierungen ab 15 Uhr erbeten. Sa. und So. ab 15 Uhr Kaffee und Kuchen.

Lindenhof
23769 Sulsdorf,
☎ 0 43 72/13 13.
Fleisch- und Fischspezialitäten; hausgemachter Kuchen auf der Café-Terrasse.

■ Museum

Mühlen- und Landwirtschaftsmuseum Lemkenhafen
Mühlenweg, 23769 Lemkenhafen; Auskunft: Museumsleiter Herr Maas, ☎ 0 43 71/96 27; Museumsbetreuer Herr Maichrzack, ☎ 0 43 72/18 18 oder 18 94.
Öffnungszeiten: 1. Mai bis 30. September: außer Mi. 10 bis 17 Uhr; im Oktober nur Mittwoch; Gruppen nach rechtzeitiger vorheriger Anmeldung auch zu anderen Zeiten.

Heiligenhafen

An der Nordküste des Oldenburger Landes treffen wir auf die an der Vogelfluglinie gelegene Stadt Heiligenhafen. Diese über 730 Jahre alte Stadt (ca. 9.500 Einwohner) ist im Laufe von Jahrhunderten aus den Kolonistendörfern Helerikendorp und Thulendorp zusammengewachsen. Hinzu kamen noch die Dörfer Kerstinbuerfeld, Küstorf und Vrysgud. Der Name Heiligenhafen findet sich zuerst im Jahre 1259 in einem Verzeichnis der Kirchendiözese Lübeck und wird hier „Hilgenhaus" geschrieben. Über die Interpretation des Namens wird noch heute diskutiert. Der zweite Teil des Wortes deutet auf den Zweck der Gründung (Hafenstadt) hin, über den ersten gibt es die Überlegungen, daß der Name aus dem Wort „heilig" oder aus dem Begriff „Hallig" entstanden sein könnte. Während es für das genaue Datum der auf holsteinische Grafen zurückgehenden Gründung der Stadt keine exakten Quellen gibt, ist die Verleihung der Stadtrechte durch Graf Gerhard II. von Schauenburg urkundlich belegt und auf den 30. April 1305 datiert.

Theodor Storm (1817–1888), dessen Tochter Lisbeth in Heiligenhafen wohnte, schildert unseren Ferienort in seiner in den Jahren 1881/82 entstandenen Novelle „Hans und Heinz Kirch": „Auf einer Uferhöhe der Ostsee liegt hart am Wasser hingelagert, eine kleine Stadt, deren stumpfer Turm schon über ein Halbjahrtausend auf das Meer hinausschaut. Ein paar Kabellängen vom Land streckt sich quervor ein schmales Eiland, das sie dort den ‚Warder' nennen, von wo aus im Frühling unablässiges Geschrei der Strand- und Wasservögel nach der Stadt herübertönt."

Stein- und Graswarder verdanken ihre Entstehung dem

nordwestlich des Ortskerns gelegenen Steilufer (Hohes Ufer) und der vorherrschenden Küstenlängsströmung aus Westen. Das ursprünglich 300 bis 500 Meter weiter nach Norden in die Ostsee reichende Kliff ist Materiallieferant für das mittlerweile fast sechs Kilometer lange Nehrungssystem. Die Entwicklung der Heiligenhafener Ausgleichsküste begann vor rund 1.000 Jahren. Bis um 1450 hatte sich ein längerer Haken ausgebildet, der sich bis in den westlichen Bereich des heutigen Graswarders erstreckte. Durch eine spätere Sturmflut wurde der Hals dieses ersten Hakensystems durchbrochen. Hier lag dann für Jahrzehnte die Hafeneinfahrt. Der isolierte Ostteil entwickelte sich autark als Insel (Graswarder) weiter und war nur mit dem Boot zu erreichen. Im Jahre 1838 wurde zunächst von der Nordmole des Hafens ein Damm geschüttet, später (1900) eine Holzbrücke gebaut. Die starke Sandverdriftung ließ den westlichen, noch am Hohen Ufer angehängten Haken (Steinwarder) weiter nach Osten wachsen, bis er sich im Jahre 1954 wieder mit den Graswarder vereinigte. Der so entstandene Binnensee ist eine große Lagune mit offener Verbindung zur Ostsee. Zwischen den einzelnen nach Südwesten gerichteten Sekundärhaken des Graswarders bilden sich Lagunen mit unregelmäßig überfluteten Wasserzonen, die infolge ihres niedrigen Wasserstandes die günstige Grundlage für das charakteristische Pflanzen- und Tierleben bilden.
Die Heiligenhafener lebten in früheren Zeiten von der Schiffahrt und vom Ackerbau. Mit verschiedenen Handelsprivilegien ausgestattet – im Jahre 1325 stellte Graf Johann III. von Schauenburg eine Urkunde aus, wonach die Einwohner der Stadt ihre eigenen Erzeugnisse zollfrei ausführen konnten – blühte die Stadt auf. Heiligenhafen wurde Hauptausfuhrhafen des Oldenburger Landes. Handelsgüter waren Butter, Bier, kera-

mische Erzeugnisse und vor allem Getreide. Mit dem Eisenbahnanschluß von 1898 verlagerten sich die Schwerpunkte von Handel und Verkehr, so daß zum Ende des 19. Jahrhunderts der Seehandel immer mehr an Bedeutsamkeit verlor. Es blieben als Erwerbsquellen im wesentlichen die Landwirtschaft, das Handwerk (Schneider, Schuster, Weber, Töpfer) und die Fischerei. Als neue Einnahmequelle kam aber schon in den siebziger Jahren des letzten Jahrhunderts ein bescheiden aufkommender Badebetrieb hinzu. Man errichtete zunächst auf dem Graswarder Badehäuser und einen Restaurationsbetrieb. Als der Graswarder durch eine Leitung von der Stadt aus mit Wasser versorgt wurde, konnte er auch als Bauland erschlossen werden. Die ersten Strandvillen wurden alsbald gebaut. Im heutigen Ortsteil Ortmühle wurde das Kurhotel Warteburg errichtet. Es war um die Jahrhundertwende das „erste Haus am Platz“. Nach dem Ersten Weltkrieg verlagerte sich die „weiße Industrie“ zunehmend auf den Steinwarder.

Nach dem Zweiten Weltkrieg wuchs die Bevölkerung Heiligenhafens sprunghaft. Die Einwohnerzahl stieg durch den sich über das Land ergießenden Flüchtlingsstrom von 3.500 auf 10.000 Seelen an. Viele Fischer aus Ostpreußen fanden hier einen neuen Heimathafen für ihre Kutter.

Nach dem Krieg galt es, den Fremdenverkehr als Wirtschaftsfaktor wieder zum Leben zu erwecken. Bereits im August 1953 konnte unser heutiger Ferienort wieder Lob von prominenter Seite einheimsen. Der Schriftsteller Gottfried Benn (1886–1956) urteilte auf einer Ansichtskarte: „Schöner könnte es auch in Westerland nicht sein.“

Das Bild der Stadt und ihrer Warderküste sowie ihre wirtschaftliche Struktur haben sich durch den Aufschwung und Ausbau des Fremdenverkehrs seit Beginn der siebziger Jahre in unübersehbarer Weise gewandelt. Durch die Errichtung eines Ferienzentrums mit Kurmittelanlagen, Freizeitzentren und einem Meerwasserbrandungsbad am Westufer des Binnensees im Jahre 1971 wurde der Wandel vom Fischerort zu einem großen Ostseebad vollzogen. Die Stadt selbst ist in ihrer Grundgestalt von dem neu entstandenen Freizeitbereich kaum berührt worden. Im Jahre 1974 wurde Heiligenhafen staatlich anerkanntes Ostseeheilbad.

Tips für Gäste

■ Information

Kurverwaltung
Bergstraße 43, 23774 Heiligenhafen, ☎ 0 43 62/9 07 20, Fax 39 38.

Kurverwaltung Großenbrode
Teichstraße 12, 23775 Großenbrode, ☎ 0 43 67/99 71 13, Fax 99 71 26. In der Saison zusätzliche Außenstelle am Südstrand, ☎ 0 43 67/99 71 18.

Fremdenverkehrsverein Heringsdorf
23777 Heringsdorf,
☎ 0 43 65/2 50. Zimmervermittlung, Touristikinformationen.

Hafenamt
Am Hafen, 23774 Heiligenhafen, Hafenmeister Kapitän Pfeiffer, ☎ 0 43 62/90 66.

■ Cafés

Café am Markt
Am Markt 10, 23774 Heiligenhafen, ☎ 0 43 62/70 00.
Torten und Gebäckspezialitäten aus eigener Herstellung; direkt am Marktplatz.

Café-Restaurant Möwenblick
Steinwarder, 23774 Heiligenhafen, ☎ (0 43 62) 82 61.
Ein guter Tip zur Einkehr direkt an der Strandpromenade auf dem Steinwarder. Ganzjährig geöffnet.

■ Campingplatz

Am Südstrand
23775 Großenbrode,
☎ 0 43 67/86 97.
Geöffnet vom 1. April bis Ende Oktober.

■ Hotels

Altes Brauhaus
Hafenstraße 23, 23774 Heiligenhafen, ☎ 0 43 62/88 58. Kleines Haus direkt am Hafen.

Strandhotel
Am Steinwarder 33, 23774 Heiligenhafen, ☎ 0 43 62/16 55 und 18 17, Fax 39 98. Das 200-Betten-Haus ist zwar nicht das schönste der Stadt, liegt dafür aber direkt am Meer.

Hotel-Pension Windjammer
Am Steinwarder 15, 23774 Heiligenhafen, ☎ 0 43 62/15 38.
Direkt am Nordufer des Binnensees gelegen.

■ Museen

Heimatmuseum
Thulboden 11a, 23774 Heiligenhafen, ☎ 0 43 62/38 76.
Die Sammlung ist auf Seite 117 beschrieben. Öffnungszeiten: Di. bis Fr. 10–12 und 14–17 Uhr, Sa. 10–12 Uhr, So. und Feiertage 14-17 Uhr; in den Sommermonaten Sonderausstellungen.

St.-Katharinen-Kirche Großenbrode
23775 Großenbrode,
☎ 0 43 67/3 21.
Der frühgotische Backsteinbau, zum Teil auch aus Feldsteinen gebaut, beherbergt eine sehenswerte Innenausstattung.

Wallmuseum Oldenburg
Prof.-Struve-Weg, ☎ 0 43 61/26 74 oder ☎ 0 43 61/4 98 28.
Öffnungszeiten im Sommer: Di. bis So. 10 bis 17 Uhr. Führungen ganzjährig nach vorheriger Vereinbarung.

■ Naturschutzgebiet

Graswarder
Täglich Führungen vom Blockhaus des NABU in die Seevogelkolonie: April bis Oktober um 10.30 und 15 Uhr. Anmeldung für Gruppen: Klaus Dürkop, ☎ 0 43 62/85 36. Infozentrum der NABU-Gruppe Graswarder: ☎ 0 43 62/69 47.

■ Restaurants

Alter Salzspeicher
Hafenstraße 2, 23774 Heiligenhafen, ☎ 0 43 62/28 28.
Gemütliches Speisen in einem der ältesten Häuser Heiligenhafens, mehrfach als „gastliches Haus“ prämiert; geöffnet Mi. bis Mo. ab 12.00 Uhr.

Fontanella Eisdiele
Am Südstrand, 23775 Großenbrode, ☎ 0 43 67/81 12.
Hausgemachtes italienisches Eis aus Naturprodukten.

Lütt Hus
Brückstraße 8, 23774 Heiligenhafen, ☎ 0 43 62/23 81.
Das kleine Fachwerkhaus beherbergt ein nettes Restaurant.

Postkutsche
23779 Neukirchen,
☎ 0 43 65/4 26.
Gutbürgerliche Küche.

Weberhaus
Kirchenstraße 4, 23774 Heiligenhafen, ☎ 0 43 62/28 40.
Gepflegte Atmosphäre in der Altstadt. Man sollte die Hausspezialität „Weberhauslachs" probieren. Tischreservierungen erbeten.

■ Sonstige Tips

Fisch-Hütte
Industriestraße 13, 23774 Heiligenhafen,☎ 0 43 62/22 32.
Hier kann das Räuchern von Fischen und der Verzehr derselben beobachtet bzw. betrieben werden.

■ Zimmervermittlung

Reisebüro Albrecht GmbH,
Brückstraße 6, 23774 Heiligenhafen,☎ 0 43 62/73 88, Fax 61 53.

Hubertus-Vermittlung, Thulboden 12, 23774 Heiligenhafen,
☎ 0 43 62/77 88, Fax 77 99.

Reisebüro Joneleit, Thulboden 32, 23774 Heiligenhafen,
☎ 0 43 62/79 10 oder 79 66, Fax 53 90 und 16 99.

Kleiner Stadtrundgang durch Heiligenhafen

Wir beginnen unseren kleinen Stadtrundgang am **Marktplatz**, dem Kern der Altstadt. Als typische Vertreterin einer Gründung Schauenburger Grafen handelt es sich hierbei um eine rechteckige Anlage, von deren Eckpunkten jeweils Straßen abzweigen. Noch bis zum Jahre 1646 sind hier Frauen als Hexen verbrannt worden – mithin klang das Mittelalter in Heiligenhafen recht spät aus. Wir interessieren uns aber zunächst für das **Rathaus**. Das Domizil der Stadtverwaltung stand bis 1878 mitten auf dem Platz. Der heutige rote Backsteinbau stammt aus dem Jahre 1882. Als Besonderheit prangt über der Eingangstür die Schwanzflosse eines Wales. Heiligenhafener Fischern soll der seltene Fang in der Ostsee zwischen Heiligenhafen und Großenbrode geglückt sein. Sie trennten die Flosse ab und hängten sie zum Andenken ans Rathaus. Das heutige „kleine Wahrzeichen" ist eine geschnitzte Nachbildung des vor rund zehn Jahren gestohlenen Originals.
Bevor wir den Marktplatz Richtung Kirche verlassen, werfen wir einen Blick in den Schalterraum der Fehmarnschen Volksbank (Markt 14). Hier zeigt uns ein **Panoramabild** mit leichtem 3-D-Effekt, wie der Marktplatz um die Jahrhundertwende ausgesehen hat. Auf einem Hügel in der Stadtmitte thront die annähernd 750 Jahre alte **Stadtkirche** mit dem blendenverzierten Turm, der nach dem Muster dänischer Kirchtürme im Jahre 1637 mit einem Stufengiebel versehen wurde. Sie war ursprünglich eine frühgotische, zweischiffige Hallenkirche. Der Westturm gehört noch zum ursprünglichen Bau, wurde aber in gotischer Zeit verändert und erhielt seinen heutigen Abschluß 1637 nach Einsturz der Helmspitze im Jahre 1591. Zur sehenswerten Ausstattung gehören die hölzernen Stand-

Erhaben thront die 750 Jahre alte Stadtkirche über Heiligenhafen.

figuren Adams und Evas aus der Renaissance, ein mannshoher Christophorus aus spätgotischer Zeit, eine barocke Holztaufe und ein Chorgestühl von 1515 mit geschnitzten Heiligenstatuen und grotesken Figuren. Neben vielen Wandleuchtern aus dem 17. Jahrhundert finden wir einen Kronleuchter mit Doppeladler, der 1592 gestiftet wurde. In den Glasmalereien der Fenster haben das Leid und die Dramatik der Flucht aus dem Osten eine bleibende Darstellung gefunden. Führungen: Di., Do., Sa. 11 Uhr, ☎ 0 43 62/26 51.

Zu Füßen der Stadtkirche, im Thulboden, treffen wir auf das unter Denkmalschutz stehende Jugendstilgebäude, welches seit 1992 das Heiligenhafener **Heimatmuseum** beherbergt. Der fast wie ein kleines Jagdschloß anmutende Bau aus dem Jahre 1903 birgt neben einer Ausstellung über die Geschichte der Stadt und Umgebung und einer Sammlung von Schiffsmodellen wechselnde Ausstellungen landestypischer Kunst. Einen besonderen Blickfang bietet das Schiffsmodell „Preußen“. Dieses größte Segelschiff der Welt wurde von dem Heiligenhafener Kapitän Heinrich Nissen (1862–1943) gesteuert. Im Jahre 1995 wurde im Heimatmuseum ein spezieller „Baderaum“ eingerichtet. Die seither fest etablierte Ausstellung über Heiligenhafen als Badeort zeigt die Entwicklung der Stadt zum modernen Badeort.

Der aus dem Jahre 1587 stammende **Alte Salzspeicher** unterhalb der Stadtkirche ist das älteste weltliche Gebäude der Stadt. Bis hierhin soll einstmals der Hafen gereicht haben, zu dessen Lagergebäuden der 1971 restaurierte Salzspeicher gehörte. Heute befindet sich in dem historischen Fachwerkhaus ein Restaurant.

Über den Kiekut gelangen wir nach wenigen Metern zum **Hafen**. Hier erinnern gut erhaltene Fachwerkspeicher an die rege Zeit des Handels. Die ständig ein- und auslaufenden Kutter, die Hochseeangelflotte und Fahrgastschiffe sowie die Kornfrachter ergeben noch immer eine anziehende Hafenatmosphäre. In der Fischhalle werden neben Frischfisch auch Marinaden und Räucherfisch und Bier vom Faß angeboten. Zum Hafenbild gehören ferner die großen Silos. Mit 40 Metern Höhe überragt der höchste bei weitem den Kirchturm. Insgesamt können 30.000 Tonnen Getreide bis zur Verschiffung gelagert werden. Der nahegelegene **Yachthafen** beheimatet mit seinen 800 Liegeplätzen die größte Yachtcharterflotte an der schleswig-holsteinischen Ostseeküste.

In Heiligenhafen ist die Fischerei bis auf den heutigen Tag lebendig geblieben. Der Hafen ist beliebt bei See- und Sehleuten.

Der Alte Salzspeicher von 1587 beherbergt ein Restaurant.

Straßencafés am Heiligenhafener Marktplatz.

■ Information

Hafenamt
Am Hafen, 23774 Heiligenhafen, Hafenmeister Kapitän Pfeiffer, ☎ 0 43 62/90 66.

■ Cafés

Café am Markt
Am Markt 10, 23774 Heiligenhafen, ☎ 0 43 62/70 00.
Torten und Gebäckspezialitäten aus eigener Herstellung; direkt am Marktplatz.

■ Museum

Heimatmuseum
Thulboden 11a, 23774 Heiligenhafen, ☎ 0 43 62/38 76.
Die Sammlung ist auf Seite 117 beschrieben. Öffnungszeiten: Di. bis Fr. 10–12 und 14–17 Uhr, Sa. 10–12 Uhr, So. und Feiertage 14–17 Uhr; in den Sommermonaten Sonderausstellungen.

■ Restaurants

Alter Salzspeicher
Hafenstraße 2, 23774 Heiligenhafen, ☎ 0 43 62/28 28.
Gemütliches Speisen in einem der ältesten Häuser Heiligenhafens, mehrfach als „gastliches Haus“ prämiert; geöffnet Mi. bis Mo. ab 12.00 Uhr.

Weberhaus
Kirchenstraße 4, 23774 Heiligenhafen, ☎ 0 43 62/28 40.
Gepflegte Atmosphäre in der Altstadt. Man sollte die Hausspezialität „Weberhauslachs“ probieren. Tischreservierungen erbeten.

Lütt Hus
Brückstraße 8, 23774 Heiligenhafen, ☎ 0 43 62/23 81.
Das kleine Fachwerkhaus beherbergt ein nettes Restaurant.

Zum NSG Graswarder und an der Küste Richtung Westen zum Hohen Ufer

Länge ca. 16 km; Streckendauer ca. 4 Stunden

Vom Hafen aus gehen wir am Yachthafen vorbei und biegen bald rechts in den Fußweg zum Graswarderweg. Uns erschließt sich schon hier ein Teil der typischen Landschaft und der Vogelwelt des Graswarders. Wir wandern in etwa 15 Minuten zum NABU-Infozentrum. In sachkundigen Führungen vermitteln Naturschutzwarte ab hier anhand eines Dioramas, durch Schautafeln und Reliefs sowie einer Wanderung durch das ca. 230 Hektar große Naturschutzgebiet naturkundliche Informationen. Im Jahre 1967 wurden zunächst 81 Hektar, später (1987) insgesamt 230 Hektar Land- und umgebende Wasserfläche per Landesverordnung als Naturschutzgebiet ausgewiesen. Die Strandzone mit den malerischen reetgedeckten Warder-Villen gehört nicht zum Schutzgebiet. Aufgrund der oben geschilderten Dynamik der Nehrungshalbinsel ist der Graswarder eines der ganz wenigen wachsenden Naturschutzgebiete. Im Mai und Juni werden hier bis zu 40 Brutvogelarten gezählt. Unter anderem können wir Seeschwalben, Sandregenpfeifer, Säbelschnäbler, Austernfischer, Mittelsäger und natürlich Möwen beobachten. Im August, September und Oktober wird der Graswarder gleichfalls Refugium für zahlreiche Zugvögel. Dann machen hier Sichel- und Alpenstrandläufer, Grünschenkel, Steinwälzer, Kiebitze und Goldregenpfeifer Zwischenstation. Im Winter nutzen Bleßrallen, Reiher- und Bergenten sowie Gänse- und Zwergsäger die flachen Lagunen als Nahrungs- und Rastraum.

Sein charakteristisches Gepräge wird dem Graswarder nicht nur durch das Vogelleben, sondern auch durch die Küstenvegetation verliehen. Der Sand der Dünen wird

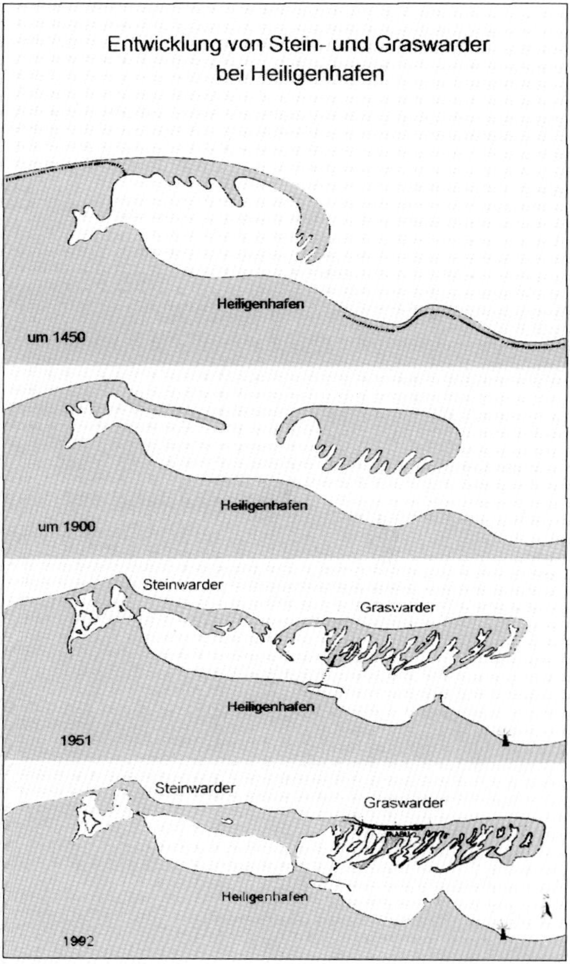

Entwicklung der Warderküste vom 15. Jh. bis in die Gegenwart.

Strandvillen auf dem Heiligenhafener Graswarder.

Im Natur- und Vogelschutzgebiet Graswarder lädt der Naturschutzbund (NABU) täglich zu kostenlosen Wanderungen ein.

Wege machen Sinn: Die für den Aufbau der Dünen wichtige Vegetation wird so vor Trittbelastungen geschützt.

durch Strandhafer, Strandroggen und Strandsalzmiere festgehalten. Besonders farbenprächtig blühen Grasnelke (Ende Mai), Strandaster und Strandflieder sowie die gelben Kissen des Mauerpfeffers (Juli/August). Auf nährstoffreichen Strandwällen gedeiht der geschützte Meerkohl. In den Schlickmulden, die periodisch überflutet werden, finden wir Salzwiesenpflanzen. Hier stehen der fleischige Queller und Andelrasen. Hinzu kommen andere salzverträgliche Blütenpflanzen wie zum Beispiel Meerstrandwegerich, Bottenbinse, Salzschuppenmiere, Strandsimse und Sechszack.
Für die Belange des Naturschutzes sensibilisiert, verlassen wir das NABU-Infozentrum und den Graswarder Richtung Steinwarder, um die küstennahen Gefilde im Westen der Stadt zu erwandern. Die Strandpromenade führt uns vorbei an der um 1920 entstandenen Lesehalle, in deren Untergeschoß früher warme Seebäder als Kurmittel angeboten wurden. Sie befindet sich auf der Höhe, auf der einst die alte Hafeneinfahrt verlief. Im Winter 1994/95 nagte die Ostsee so heftig am Strand, daß ein neuerlicher Durchbruch in naher Zukunft wahrscheinlich erscheint. Gemeinsam mit dem Land Schleswig-Holstein hat Heiligenhafen inzwischen eine Küstenschutzkonzeption für den Steinwarder erarbeiten lassen.
Wir erreichen bald das Ende der Strandpromenade. Auf der Rasenfläche kann man häufig bunte Drachen bestaunen, die hier Kinder oder jung gebliebene Erwachsene bei Wind steigen lassen. An der weitgehend verlandeten Eichholz-Niederung vorbei, betreten wir mit dem Hohen Ufer das Heiligenhafener Kliff. Der jährliche Kliffabbruch ist an der nordwestlich exponierten Steilküste sehr hoch (etwa einen Meter). Der aufmerksame Wanderer kann auch hier an einzelnen Stellen den beschriebenen Tarras-Ton entdecken (siehe

Die malerischen reetgedeckten Wardervillen konnten den altmodischen Charme vergangener Tage teilweise erhalten. Einige der zu Beginn unseres Jahrhunderts gebauten Häuser können von Feriengästen gemietet werden.

S. 78). Außerdem können wir am Hohen Ufer interessante Fossilien finden, die wir zuvor in der Sammlung des Heimatmuseums kennengelernt haben. Auf der Nordweide hinter dem Eichholz liegt der neue Golfplatz. Der 18-Loch-Platz ist in Anlehnung an schottische Dünenplätze entstanden. Am Ende der Steilküste, schon in der Dazendorfer Flur, genießen wir einen herrlichen Blick über die Hohwachter Bucht bis nach Fehmarn. Wir verabschieden uns nun von der Küste und wandern landeinwärts, um auf knickreichen Pfaden zum Lütjenburger Weg zu gelangen, der uns zurück in die Stadt führt.

■ Information

Naturschutzgebiet Graswarder
Täglich Führungen vom Blockhaus des NABU in die Seevogelkolonie: April bis Oktober um 10.30 und 15 Uhr. Anmeldung für Gruppen: Klaus Dürkop, ☎ 0 43 62/85 36. Infozentrum der NABU-Gruppe Graswarder: ☎ 0 43 62/69 47.

■ Cafés

Café-Restaurant Möwenblick
Steinwarder, ☎ (0 43 62) 82 61. Ein guter Tip zur Einkehr direkt an der Strandpromenade auf dem Steinwarder. Ganzjährig geöffnet.

Zum Leuchtturm Strandhusen

Länge ca. 7 km; Streckendauer knapp 2 Stunden

Die Wanderung beginnt am Hafen. Wir gehen am ehemaligen Bahnhofsgebäude vorbei Richtung Seglerhafen-Ost. An dessen Mole erinnert seit 1985 ein Findling mit Gedenkplatte an Admiral Edward Vernon (1684–1757), der von seinen Sailors wegen seines Mantels aus Grogham-Stoff „Old Grog" genannt wurde und der Erfinder des Grogs gewesen sein soll. Wir nehmen den Fußweg am Ufer Richtung Ortmühle. Aufgrund der bereits erwähnten Sandverfrachtungen – die Transportrate beträgt durchschnittlich 240.000 Kubikmeter pro Jahr – wird der Graswarder pro Jahr um zwei bis drei Meter länger.

Der Ortsteil Ortmühle wurde in den fünfziger Jahren für ostdeutsche Fischerflüchtlingsfamilien aufgebaut. Im 18. und 19. Jahrhundert stand hier eine Graupen- und Grützmühle; sie ist im Jahre 1906 abgebrannt. An der nach Norden vorspringenden Landspitze (Ohrt = Spitze) befindet sich die Yachtwerft Hinkeldey und die bereits erwähnte Warteburg. Wir folgen nun dem Lütjenbroder Weg nach Strandhusen. Hier treffen wir auf den Heiligenhafener Leuchtturm.

Hinter dem Turm biegen wir nach rechts und stoßen auf den alten Bahndamm. Auf der Höhe des Ortmühlenwegs halten wir uns links bis zum Sundweg. Im Gewerbegebiet auf der schräg gegenüberliegenden Straßenseite (Industriestraße) lohnt der Besuch der Fisch-Hütte von Heike und Achim. Der Sundweg führt uns links vorbei am Friedhof in die Stadt zurück.

■ **Tip**

Fisch-Hütte
Industriestraße 13, 23774 Heiligenhafen, ☎ 0 43 62/22 32. Räuchern und Verzehr von Fischen.

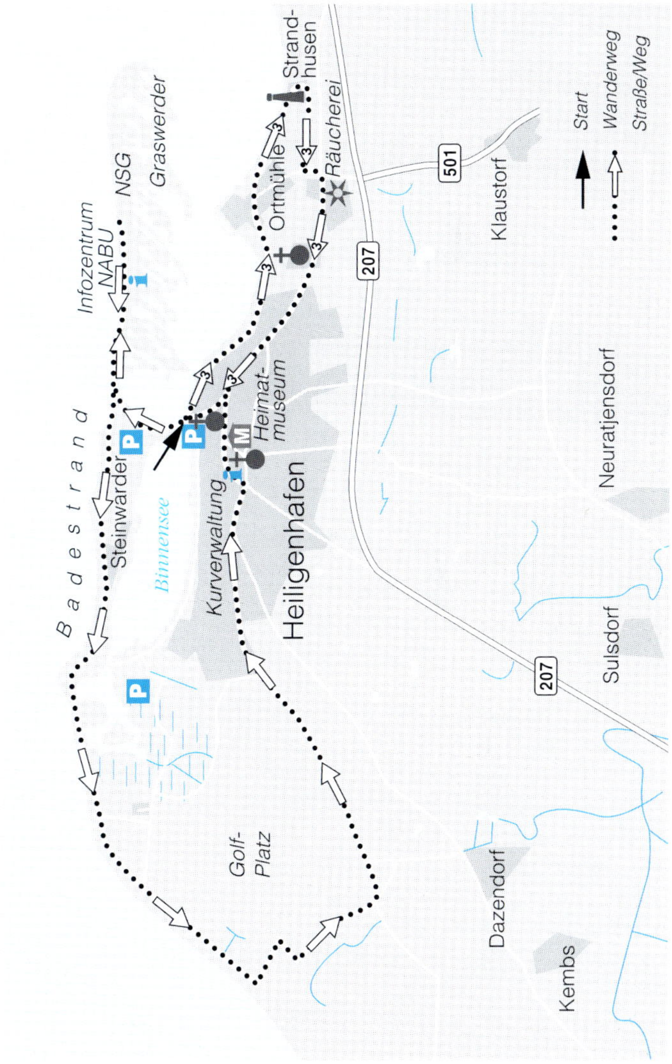
Badestrand
Steinwarder
Binnensee
Infozentrum NABU
NSG
Graswerder
Strand-husen
Ortmühle
Räucherei
Heimat-museum
Kurverwaltung
Heiligenhafen
Golf-Platz
207
501
Klaustorf
Neuratjensdorf
Sulsdorf
Dazendorf
Kembs
Start
Wanderweg
Straße/Weg

Nach Großenbrode und zur Fehmarnsundbrücke

Länge ca. 25 km; Dauer knapp 3–4 Stunden (teilweise ausgeschildert vom Landkreis Ostholstein mit roter 9)

Wir beginnen die Radtour am Hafen. Die Kapitän-Nissen-Straße und der Lütjenbroder Weg führen uns ostwärts nach Strandhusen (vergleiche Wanderung Nr. 3). Beim Klärwerk treffen wir auf die Kreisstraße K 42, die uns über Lütjenbrode nach Großenbrode geleitet.

Das 1.900 Einwohner zählende Großenbrode ist seit 1987 anerkanntes Ostseeheilbad. Von diesem an der nordöstlichen Spitze Wagriens gelegenen Ort setzt man seit jeher zur Insel Fehmarn über, die lediglich durch den schmalen Sund vom Festland abgetrennt ist. Der Name des 1249 erstmals urkundlich erwähnten Ortes ist bezeichnend dafür („brody" ist sinnverwandt mit Furt).

Im typisch wendischen Angerdorf (Platzdorf) können wir uns die Ende des 13. Jahrhunderts erbaute St.-Katharinen-Kirche mit ihrem hölzernen Glockenturm anschauen. Der frühgotische Backsteinbau, zum Teil aus Feldsteinen errichtet, beherbergt eine sehenswerte Innenausstattung. Hier sind insbesondere der Altaraufbau von 1694 sowie die spätbarocke Kanzel mit reichen Schnitzereien (1713) zu nennen. Besichtigungen sind nur nachmittags möglich.

Von der Kirche in Großenbrode bis zum Fehmarnsund sind es knapp 2,5 Kilometer. Wir folgen den Schildern mit der roten 9 nordwärts bis zur Fehmarnsundbrücke (Daten zur Brücke siehe S. 70/71). Zwischen den Knicks liegt hier mit dem „Kronsteinberg" – reichlich versteckt – eines der größten Megalithgräber des Landes (Länge 97 Meter).

An dem Brückendamm entlang radeln wir zur alten Sundstraße (Schild 9/7). An dieser Stelle ist ein Abste-

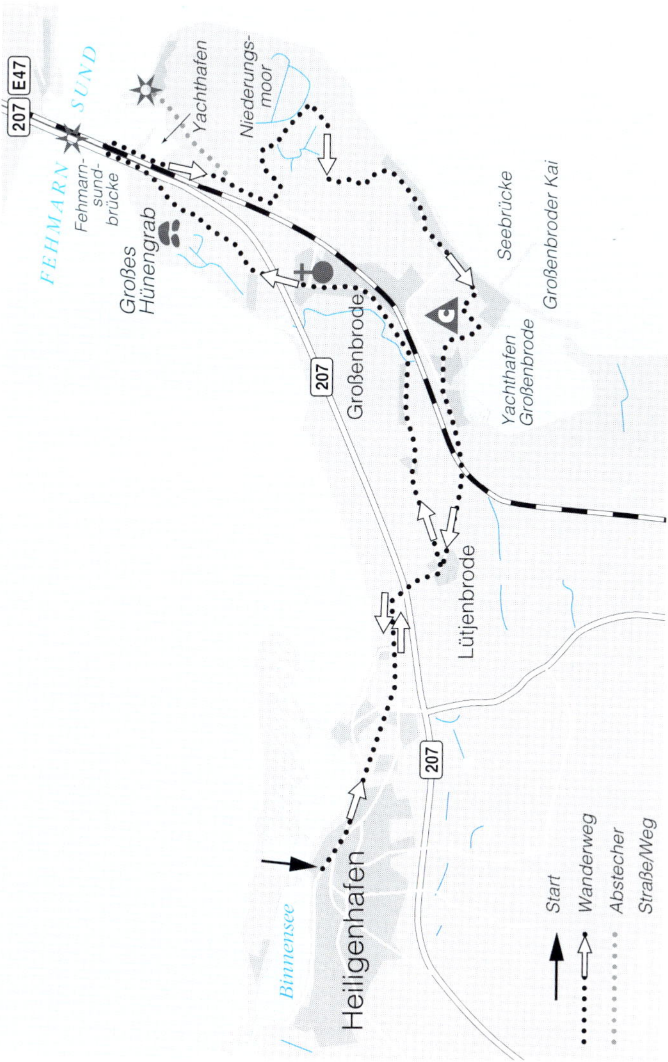
207
E47
FEHMARN
SUND
Yachthafen
Niederungs-
moor
Fehmarn-
sund-
brücke
Großes
Hünengrab
Seebrücke
Großenbroder Kai
Großenbrode
207
Yachthafen
Großenbrode
Lütjenbrode
207
Heiligenhafen
Binnensee
Start
Wanderweg
Abstecher
Straße/Weg

Alles frisch: Nach mehrjähriger Sanierungsarbeit stellt sich die Fehmarnsundbrücke dem Reisenden seit dem Sommer 1995 in neuem Glanz dar. Per Zug, Auto, Zweirad oder zu Fuß läßt sich die Insel über das eindrucksvolle Brückenbauwerk erreichen. Nur bei starkem Sturm haben LKW- und Gespannfahrer „schlechte Karten". Die Brücke bleibt für sie gesperrt, bis der Wind wieder nachläßt.

cher zum Ortsteil Großenbroderfähre möglich, der angesichts des schönen Blicks auf die Fehmarnsundbrücke, eine brückentechnische Meisterleistung, vom alten Fähranleger aus zu empfehlen ist.
Die rote Beschilderung führt uns auf asphaltierten Wirtschaftswegen, vorbei an einem Niederungsmoor, zum Südstrand von Großenbrode. Hier lockt die 290 Meter lange Seebrücke. Wir fahren bis zum Haus des Kurgastes am Ende der Promenade, folgen dahinter der Strandstraße und links der Anklamer Allee zur Von-Herwarth-Straße (9/24). Vorbei am Yachthafen zeigen uns die Schilder 9/25 und 9/26 den Weg nach Lütjenbrode, wo wir der Kreisstraße K 42 (Sundweg) oder auch dem ausgeschilderten Ostseeküstenradweg bis nach Heiligenhafen folgen können.

■ Information

Kurverwaltung Großenbrode
Teichstraße 12, 23775 Großenbrode, ☎ 0 43 67/99 71 13,
Fax 99 71 26. In der Saison zusätzliche Außenstelle am Südstrand, ☎ 0 43 67/99 71 18.

St.-Katharinen-Kirche Großenbrode
☎ 0 43 67/3 21.
Der frühgotische Backsteinbau, zum Teil auch aus Feldsteinen errichtet, beherbergt eine sehenswerte Innenausstattung.

■ Campingplatz

Am Südstrand
23775 Großenbrode,
☎ 0 43 67/86 97.
Geöffnet vom 1. April bis Ende Oktober.

■ Restaurant

Fontanella Eisdiele
Am Südstrand, 23775 Großenbrode, ☎ 0 43 67/81 12.
Hausgemachtes italienisches Eis aus Naturprodukten.

Rundkurs über Neukirchen

Länge ca. 19 km; Streckendauer ca. 2–3 Stunden (teilweise ausgeschildert vom Landkreis Ostholstein mit roter 9)

Vom Marktplatz geht es über die Mühlenstraße und den Neuratjendorfer Weg immer bergauf zum Höhenweg, in den wir links einbiegen. Hier bietet sich uns ein großartiges Panorama von Heiligenhafen. Am Wachtelberg halten wir uns rechts. Nach der Unterführung der E 47 befinden wir uns auf dem Rosseer Weg, dem wir nach Süden folgen. An der nächsten Straßengabelung halten wir uns wieder rechts. Die Schilder mit der roten 9 führen uns über Klingstein, wo eine denkmalgeschützte Bogenbrücke aus Granitquadern zu bewundern ist, nach Neukirchen.
Die Ostseeferiengemeinde Neukirchen – abseits der großen Bäder – ist anerkannter Erholungsort. Der von Graf Adolf IV. im frühen 13. Jahrhundert gegründete Ort hatte während der deutschen Kolonisation Wagriens große Bedeutung. Die mittelalterliche Backsteinkirche (um 1240/45) war ein wichtiger christlicher Stützpunkt in dem von slawischen Stämmen besiedelten Raum. Später wurde Neukirchen kirchlicher Mittelpunkt für die umliegenden Gutsherrschaften Bürau, Godderstorf, Löhrstorf und Satjewitz. Die dem Heiligen Antonius von Padua geweihte Kirche wurde prachtvoll ausgeschmückt: Bei einer Restaurierung von 1952/53 kamen die aus der Erbauungszeit stammende Wandbemalung im Chor mit rotschwarzen und rotweißen Würfelbändern, Lilien und Blattwerk, sowie ein Figurenzyklus (14. Jahrhundert) mit der Darstellung der Lebensgeschichte Jesu, Figuren der Apostel Petrus und Paulus und zweier Bischöfe zutage. Zur beachtlichen Innenausstattung gehören ferner die Taufe aus dem 13. Jahrhundert sowie die Kanzel aus dem Jahr 1617.

Steinwarder
Info-Zentrum NABU
NSG
Binnensee
Kur-verwaltung
Heiligenhafen
Ortmühle
E47
E47
Lütjenbrode
Klaustorf
Rossee
Yacht-Binnen-hafen
Gut Seekamp
Seekamp-Strand
Neuratjens-dorf
501
Bogenbrücke
Klingstein
Löhrs-torf
Sütel-
Sütel
Strand
Godderstorfer Au
Ölendorf
Neukirchen
Meeschendorf
Ostermade
Gut Satjewitz
501
Start
Radwanderweg
Abstecher
Straße/Weg

Die mittelalterliche Backsteinkirche (um 1240/45) von Neukirchen.

Bedeutende Ausmalungen im Chor der Kirche von Neukirchen.

Wir radeln scharf nach links (9/34), vorbei am Bahnhof, über Löhrstorf (das 1920 umgebaute Herrenhaus des Guts Löhrstorf beherbergt im Inneren noch eine Anzahl von Räumen aus dem Jahre 1720) nach Sütel. Hier besteht die Möglichkeit, einen Abstecher zum Süteler Strand in die Tour einzubauen (zwei Kilometer). Von Sütel fahren wir in nördlicher Richtung über Gut Seekamp nach Bergmühle. Von hier aus fahren wir auf der alten Eisenbahntrasse, jetzt Radweg, nach Heiligenhafen. Ab Lütjenbrode führt uns der Sundweg bzw. Lütjenbroder Weg wieder zum Ausgangspunkt der Radtour zurück.

■ Restaurant

Postkutsche
An der Kirche 16,
23799 Neukirchen,
☎ 0 43 65/4 26.
Gutbürgerliche Küche.

Nach Oldenburg (mit Stadtrundgang)

Länge ca. 30 km; Streckendauer ca. 3–4 Stunden (teilweise ausgeschildert vom Landkreis Ostholstein mit roter 10)

Vom Hafen aus benutzen wir die Straßen Am Strande, Lauritz-Maßmann-Straße und Bergstraße. An der Kreuzung bei der Kurverwaltung biegen wir nach rechts in den Lütjenburger Weg ein. Die dritte Straße links bringt uns vorbei an mehreren in der Flur liegenden Steinkammergräbern nach Dazendorf. Ab hier befinden wir uns auf dem Ostseeküsten-Radweg, dem wir über Kembs, Teschendorf, Techelwitz, Altgalendorf und Kröß nach Oldenburg folgen.
Stadtrundgang Oldenburg: Der anerkannte Erholungsort Oldenburg i. H. hat eine mehr als 1.000jährige Geschichte. Historisches Wahrzeichen ist die Wallanlage, deren Entstehung etwa auf das 9. Jahrhundert zurückgeht. Unter dem Namen Starigrad erscheint sie in den Chroniken des 11. und 12. Jahrhunderts als „Seestadt der Wagrier". Durch Graf Adolf IV. erhielt die heutige Kleinstadt (rd. 10.000 Einwohner) vermutlich im Jahre 1235 das Lübische (Lübecker) Stadtrecht; sie ist kultureller und wirtschaftlicher Mittelpunkt für ein weiträumiges Umland. Kriegseinwirkungen und verheerende Brände – eine Brandkatastrophe von 1773 zerstörte etwa 400 Häuser – sind der Grund dafür, daß man in der Stadt kaum mittelalterliche Gebäude findet. Seit dem Jahre 1192 besteht in Oldenburg die älteste Toten- und Schützengilde Deutschlands, die St.-Johannisgilde.
Je nach Standplatz oder Interesse kann man sich überall in die Besichtigungsrunde einbinden. Dabei sind folgende Stationen aufsuchenswert:
Das **Wallmuseum** ist leicht zu finden; die Schilder „Wallmuseum" oder „Ringwall" weisen uns den Weg.

Binnensee
Kurverwaltung
Heiligenhafen
Heimat-
museum
Ostseeküste Radwanderweg
Dazendorf
Kembs
Teschendorf
K 41
Techelwitz
Gremersdorf
Neuratjensdorf
Bollbrügge
Rund-
scheune
Altgalendorf
207
L60
Kröss
Jahnshof
Seegalendorf
Wildgehege
L60
K 41
Oldenburg
Kremsdorf
Wallmuseum
L59
Göhl
Start
Radwanderweg
Straße/Weg

Das überregional bedeutungsvolle und prächtig gestaltete Museum informiert in einer hofartigen Gruppierung alter Bauernhäuser aus dem 18. und 19. Jahrhundert anschaulich über Herkunft und Leben der Slawen im Mittelalter. Außerdem erfährt man Wissenswertes über die frühere Bedeutung Oldenburgs als Fürstenresidenz und Bischofssitz, über die Befestigungstechnik der Burganlage sowie über heidnischen Kult und christliche Mission. Die Burganlage umfaßt eine Fläche von etwa 400 Quadratmetern. Sie ist 250 Meter lang und bis zu 150 Meter breit. Ihre Wälle überragen die sie umgebene Niederung um 18 Meter. Im Großen Wallsee liegt die „Starigrad". Dieser originalgetreue Nachbau eines slawischen Handelsschiffes, das so im 1. Jahrtausend n. Chr. benutzt wurde, wurde in Wolin von polnischen Schiffbauern mit den Werkzeugen und Materialien des frühen Mittelalters gebaut. Im ganzen Schiff wurde kein einziges Stück Metall verarbeitet. Ein Steg und zwei reetgedeckte Lagerhäuser vermitteln eine Vorstellung, wie es im Hafen Starigrads im 9. Jahrhundert ausgesehen hat.

Ein anderer sprichwörtlich „heißer Tip" ist das „Oldenburger Wall-Brot" aus dem Steinofen eines Backhauses von 1798. Einmal im Monat wird leckeres Brot mit Mehl aus ökologischem Landbau gebacken und auf dem Gelände verkauft, solange der Vorrat reicht.

Ganz in der Nähe des Burgwalles finden wir die **St.-Johannis-Kirche.** Sie gilt als erster größerer Backsteinkirchenbau Nordeuropas. Das Gotteshaus war um 1156 von Bischof Gerold von Oldenburg als Bischofskirche begonnen worden. Der Westbau ist im ersten Drittel des 13. Jahrhunderts, der Chor in der Hochgotik errichtet worden. Im Sommer finden hier Konzerte statt.

Am an Größe nur von den Plätzen in Heide und Bad Bramstedt übertroffen und im Rahmen der Stadtsanie-

Unbedingt zu empfehlen ist der Besuch des Oldenburger Wallmuseums. Das überregional bedeutsame und prächtig gestaltete Museum informiert über Herkunft und Leben der Slawen im Mittelalter. Als Hauptattraktion gilt der originalgetreue Nachbau eines slawischen Handelsschiffes. Steg und reetgedeckte Lagerhäuser wurden als Hafen für die „Starigrad“ im Sommer 1995 fertiggestellt.

rung neugestalteten und gepflasterten **Markt** entdecken wir das schlichte **Rathaus**, das an der Südseite des Marktes am 2. Oktober 1834 eingeweiht wurde.
Wir verlassen Oldenburg am südlichen Stadtrand in Richtung Osten über die Göhlerstraße. Der Radweg an der L 59 bringt uns nach Neuschwelbek. Auf asphaltierten Wirtschaftswegen ohne nennenswerten Autoverkehr geht es am Schild 10/22 nordwärts über Kremsdorf, vorbei am Landschaftsschutzgebiet Seegalendorfer Gehölz, nach Seegalendorf. An der Anlage des hiesigen Gutes befindet sich ein Wildgehege mit Dam- und Rotwild, Mähnenschafen und Bergziegen. Nach der Querung der L 60 treffen wir im nördlich gelegenen Bollbrügge auf eine Rundscheune mit kugelförmigem Reetdach, die als Kulturdenkmal anerkannt ist. Bei diesem interessanten Blickfang aus dem 19. Jahrhundert handelt es sich um einen sogenannten Lehmstampfbau. Hinter Bollbrügge sehen wir das Schild 10/19. Hier fahren wir nach rechts und stoßen bald auf die alte Slawensiedlung Neuratjensdorf. Von den nächsten drei Abzweigungen nach links können wir uns eine aussuchen, denn sie führen uns alle – bald immer bergab! – nach Heiligenhafen zurück.

■ Information

Tourist-Büro
Markt 1, 23758 Oldenburg i. H.,
☎ 0 43 61/49 80, Fax 4 98 48.

■ Museen

Wallmuseum Oldenburg
Prof.-Struve-Weg,
☎ 0 43 61/26 74 oder
☎ 0 43 61/4 98 28.
Öffnungszeiten im Sommer: Di. bis So. 10 bis 17 Uhr. Führungen ganzjährig nach vorheriger Vereinbarung.

■ Restaurants

Dannauer Kate
in Dannau bei Oldenburg,
☎ 0 43 61/36 05.
Holsteinische Spezialitäten, im Sommer stilvoll auf der Terrasse des Fachwerkgebäudes serviert.

Landlord
Göhler Straße 44, 23758 Oldenburg i. H., ☎ 0 43 61/82 30.
Restaurant mit gediegener Atmosphäre.

Zur Treppe
Kuhtorstraße 3, 23758 Oldenburg i. H., ☎ 0 43 61/23 98.
Fischspezialitäten sowie Steak- und Fleischgerichte im rustikalen Rahmen.

Das Ostseebad Weißenhäuser Strand und die Hohwachter Bucht

Die Hohwachter Bucht ist als südlichster Teil der Kieler Bucht ein für Ostholstein typischer Küstenabschnitt mit allen für die sogenannte Ausgleichsküste charakteristischen Formen: u. a. begegnen wir hier Kliffen, Haken, Nehrungen und Strandseen. An der rund 70 Kilometer langen Küste der Hohwachter Bucht liegen mit dem Ostseeheilbad Hohwacht und dem Küstenferienpark Weißenhäuser Strand zwei attraktive Urlaubsziele. Im folgenden wollen wir uns zunächst mit letzterem eingehender beschäftigen.

An der Hohwachter Bucht befindet sich mit dem Ostseebad Weißenhäuser Strand der größte Ferienpark Deutschlands. Das Anfang der siebziger Jahre zwischen den geomorphologisch zusammenhängenden Naturschutzgebieten „Weißenhäuser Brök“ und „Wesseker See“ ohne Hochhäuser errichtete Ferienzentrum erfreut sich nicht zuletzt wegen des 5.000 Quadratkilometer großen subtropischen Badeparadieses mit einer der längsten überdachten Wasserrutschbahnen Europas (157 Meter), der 3.000 Quadratkilometer großen glasüberdachten Dünenpassage sowie des Sport- und Spielcenters das ganze Jahr über großer Beliebtheit.

Dem Feriengast von Weißenhäuser Strand erschließt sich nicht nur der insgesamt 13.000 Quadratkilometer große Ferienpark mit den erwähnten witterungsunabhängigen Freizeitvergnügungen, sondern auch die umliegende Feriengemeinde Wangels. Als Mitgliedsgemeinde des Naturparks Holsteinische Schweiz bietet diese Urlaubsregion alle für das ostholsteinische Hügel-

und Seenland charakteristischen Landschaftselemente: im Binnenland herrliche Seen, Bäche und Wanderwege durch Wälder und Wiesen, zur Ostseeküste hin eine eindrucksvolle Steilküste und einen schönen Sandstrand. Die 4.000 Ferienpark-Betten in Appartementhäusern, Bungalows und einem Hotel werden durch das rustikale Zimmerangebot der Dörfer von Wangels ergänzt. In Weißenhäuser Strand stehen auch behindertengerechte Gartenappartements zur Verfügung.
Für den Namen unserer Urlaubslandschaft stand das angrenzende Gut Weißenhaus Pate. Das auf das 16. Jahrhundert zurückgehende „Schloß“ (die einzigen Schlösser in Holstein stehen in Plön und Eutin) wurde nach einem Brand ab 1895 in neobarockem Stil errichtet. Es war ursprünglich das Witwenhaus von Gut Farve. Aus „Witwen- oder Wittenhus“ entstand der Name „Weißenhaus“. Das Gut ist seit 1735 im Besitz der Familie v. Platen-Hallermund und beherbergt heute eine Schule. Im Sommer gibt es im Garten des „Schloßcafés“ Kaffee und Kuchen.
Im Bereich des Ferienparks finden wir das größte Dünengebiet der schleswig-holsteinischen Ostseeküste. Die sich zwischen der westlich von Weißenhaus gelegenen Steilküste am Forst Eitz und der Strandwallküste vor dem Truppenübungsplatz Putlos auf 2,5 Kilometer Länge erstreckende Dünenkette ist durchschnittlich zwei Meter hoch. An einer Stelle werden stolze sechs Meter erreicht. Dieses einzigartige Areal steht seit 1942 mit einem Umfang von 57 Hektar unter dem Namen Weißenhäuser Brök unter Naturschutz und wird von der Arbeitsgemeinschaft Geobotanik Schleswig-Holstein und Hamburg betreut. Hier können wir die typische Entwicklung von der Primärdüne am Vorstrand über die Weißdüne aus Strandhaferarten und der Graudüne aus kleinwüchsigen grasförmigen Arten bis hin zur

sogenannten Braundüne aus Heidekräutern beobachten. Läge hier nicht der Ferienpark, so würde sich landeinwärts ein Wald aus Buchen und Eichen anschließen. Zoologisch bedeutender als die Vogelwelt – hier brüten im wesentlichen Feldlerche, Wiesenpieper, Bachstelze und Rebhuhn – sind die wärmeliebenden Insekten. Als Besonderheiten sind hier die Blauflügelige Heuschrecke, der Weiße Spanner und Bläulinge zu nennen.
Die ursprünglich durch einen natürlichen Strandwalldurchbruch („Brök“) gesicherte Entwässerung des riesigen Einzugsgebietes des Oldenburger Grabens wird heute durch ein Siel gesteuert. Durch die enge Verzahnung von Ferienzentrum und Naturschutzgebiet ergeben sich zwangsläufig Konflikte, so daß besonders hier die auf Seite 46/47 gegebenen Hinweise berücksichtigt werden sollten.
Bei dem Naturschutzgebiet Wesseker See handelt es sich um einen flachen Strandsee im Westen des Oldenburger Grabens. Er ist heute durch die wasserwirtschaftlichen Maßnahmen (Deichbau, Entwässerungseinrichtungen) nach der Jahrhundertflut vom 13. 11. 1872 der letzte größere Rest einer sonst fast verschwundenen Seenkette im Oldenburger Graben. Der See hat einige Bedeutung als Rastplatz für die Brandgans und für Schwimmenten sowie als Brutplatz für bedrohte Arten wie Schwarzhalstaucher, Große Rohrdommel, Rohrschwirl und Bartmeise. Neben vielen anderen Entenvögeln bietet er besonders der Schnatterente einen der sichersten Brutplätze im Lande. Schleusen, Pumpen und Kanäle haben dazu geführt, daß die freie Wasserfläche von einst 300 Hektar auf heute weniger als 75 Hektar geschrumpft ist. Die zur Zeit geplanten großflächigen Unterschutzstellungen im Oldenburger Graben würden dem Seegebiet zum Vorteil gereichen.

Weit geht der Blick über Wälder, Felder, Seen und Meer hinweg. Im Hintergrund ist noch schwach die Fehmarnsundbrücke zu erkennen. Der Aussichtsturm Hessenstein auf dem 128 Meter hohen Pilsberg ermöglicht dieses phantastische Panorama (s. Seite 182).

Steilküste am Forst Eitz (Weißenhäuser Strand).

Tips für Gäste

■ Information

Kurverwaltung Weißenhäuser Strand
Seestraße 1, 23758 Weißenhäuser Strand, ☎ 0 43 61/5 50, Fax 55 27 30.

Kurverwaltung Hohwacht
Berliner Platz 1, 24321 Hohwacht. ☎ 0 43 81/70 85.

Kurverwaltung Schönwalde
Am Lachsbach 5, 23744 Schönwalde a. B., ☎ 0 45 28/3 64.

Arbeitsgemeinschaft Geobotanik Schleswig-Holstein und Hamburg e.V.
Biologiezentrum der Universität Kiel, Olshausenstraße 40, 24098 Kiel, ☎ 04 31/8 80 42 85.

■ Cafés

Schloßcafé
23758 Wangels
Im Sommer Kaffee und Kuchen vor dem Herrenhaus von Gut Weißenhaus. Man kann nicht telefonisch reservieren. Das Café öffnet nur bei schönem Wetter.

Café -Restaurant Seeschlößchen
Dünenweg 4, 24321 Hohwacht, ☎ 0 43 81/40 76-0, Fax 56 83. Gebäck aus eigener Backstube und vielfältige Eiskarte. Für Nichtraucher separater Raum, herrliche Panoramaterrasse.

■ Golf & Country Club

Hohwachter Bucht
Golfplatz, 24321 Hohwacht, ☎ 0 43 81/96 90, Fax 78 43. Interessanter 18-Loch-Golfplatz mit Standardabschlägen Par 64 sowie zusätzlichen Kurzabschlägen Par 54. Ideale Bedingungen für Handicap- und Platzerlaubnisspieler. Für Neulinge steht eine Golfübungsanlage bereit.

■ Hotel/Appartements

Im Ostseeferienpark wohnt man in Appartements, Bungalows oder in Hotels.

Appartements/Bungalows:
☎ 0 43 61/55 40, Fax 55 27 20.

Strandhotel (148 Zimmer), ☎ 55 27 72, Fax 55 27 30.

Hotel garni „Haus auf dem Strom“
Hinter dem Deich 11, 24321 Hohwacht, ☎ 0 43 81/40 23 40, Fax 40 23 50. Nicht unmittelbar am Strand, aber architektonisch sehr ansprechendes, reetgedecktes Gebäude (12 Zimmer).

Hotel garni „Seelust"
Strandstraße 8, 24321 Hohwacht, ☎ 0 43 81/4 07 90, Fax 4 07 93 00.
Freundliches Haus nahezu direkt am Strand (14 Zimmer).

■ Museen

Dorfmuseum Schönwalde.
Am Dorfteich, 23744 Schönwalde a. B., ☎ 0 45 28/7 37.
Die Sammlung ist auf Seite 172/173 beschrieben. Öffnungszeiten:
15. Mai bis 30. September, Di., Fr. 16 bis 18 Uhr; 1. Juli bis 31. August auch So. 16 bis 18 Uhr.

Torhaus-Galerie Gut Panker
24321 Panker, ☎ 0 43 81/66 86, Fax: 47 56.
24321 Panker.
In der renommierten Torhaus-Galerie finden regelmäßig Kunstausstellungen statt, deren Besuch sich lohnt.

■ Restaurants

Altes Amt
Eutiner Straße 39, 23744 Schönwalde a. B.
☎ 0 45 28/7 75.
Eine der Top-Adressen in Holstein, weißes feines Tischleinen, Silberbesteck und klassische Musik; Tischreservierungen unbedingt erforderlich.

Forsthaus Hessenstein
24321 Panker, ☎ 0 45 28/94 16.
Am Fuße des Aussichtsturms Hessenstein. Kleine Räume, sehr geschmackvoll eingerichtet, erstklassige Küche.

Gasthof Jipp
Dorfstraße 4, 23758 Wangels-Döhnsdorf, ☎ 0 43 82/3 69.
Gutbürgerliche Küche.

Krug zur alten Mühle
23758 Wangels-Hansühn, ☎ 0 43 82/3 75. Gutbürgerliche Küche.

Nudelladen
Möwenweg 10/Steilküste, 24321 Hohwacht, ☎ 0 43 81/94 17.
Bietet natürlich leckere Pasta.

Ole Liese
Gut Panker, 24321 Panker, ☎ 0 43 81/43 74.
Traditionsgasthaus gegenüber dem Herrenhaus mit einigen Erinnerungsstücken.

Schuberts Strandhotel
Strandstraße 10–12, 24321 Hohwacht, ☎ 0 43 81/60 91, Fax 60 93.
Zu empfehlen ist insbesondere die „Alte Hohwachter Fischerstube" mit Fischgerichten aus der Pfanne. Ausgezeichnet als umweltorientierter Betrieb.

Hotel Restaurant Sonnenrose
23758 Weißenhäuser Strand, direkt am Ferienpark, ☎ 0 43 61/55 27 71. Holsteinische Gerichte und fangfrische Fische; vegetarische Kost und Kinderteller finden sich ebenfalls auf der Speisekarte

Waldgasthof Bungsberg
23744 Schönwalde a. B., ☎ 0 45 28/2 08.
Einkehr zum Kaffeetrinken bei der Bungsbergtour.

Zur Linde
23758 Wangels, ☎ 0 43 82/3 56.
Gutbürgerliche Küche.

■ Unterkunft

Zimmervermittlung Hohwacht
☎ 0 43 81/98 01 und 98 90, Fax 96 76.

Zimmervermittlung Wangels
Barbara Zimmermann, Goldhorst 6, Neutestorf, 23758 Wangels, ☎ 0 43 82/8 46.

Über Döhnsdorf zu den Megalithgräbern von Buschkate

Länge ca. 17 km; Streckendauer gut 3–4 Stunden (teilweise ausgeschildert von der Gemeinde Wangels mit grüner 5)

Die Wanderung führt uns zunächst von der Schleuse (Siel) auf dem Deich Richtung Hohwacht. Am Strandkiosk und Parkplatz vorbei erreichen wir den Forst Eitz, wo die Buchen bis an die Kliffkante heranreichen. Nach Verlassen des Waldes geht es am Steilufer entlang weiter. Hier nagt die Ostsee im Winterhalbjahr heftig an der Küste, so daß der Wanderpfad alle paar Jahre weiter landeinwärts neu abgezäunt werden muß. Der erste Feldweg links führt uns zum Friederikenhof. An dem Gutshaus von 1798 mit seinen stattlichen Wirtschaftsgebäuden (Backhaus – um 1800 –, Remise, Scheune und Kuhstall) vorbei gelangen wir zur B 202. Wir halten uns rechts und gehen nach Döhnsdorf.
In Döhnsdorf verlassen wir den ausgeschilderten Wanderweg, indem wir im Ort nach rechts abbiegen, um der ansteigenden Straße nach Wüsten und Barensdorf zu folgen. Hinter Barensdorf führt uns rechts ein Wirtschaftsweg nach Buschkate. Wir folgen diesem, bis wir rechter Hand das vom Landesamt für Vor- und Frühgeschichte erforschte archäologische Denkmal erreichen. Es handelt sich hierbei um Gräber der jüngeren Steinzeit, erbaut etwa um 2.700 bis 2.500 v. Chr. Am besten erhalten ist ein trapezförmiges Langbett mit Grabkammer. Vier der ehemals sechs Decksteine sowie sechs Trägerpaare und ein Abschlußstein sind noch zu sehen. Die westlich vom Langbett gelegenen Steine sind Reste einer Grabkammer, die einstmals von einem Rundhügel überdeckt war. Die im Süden befindliche Steingruppe ist nach alter Überlieferung der Rest eines weiteren Langbettes.

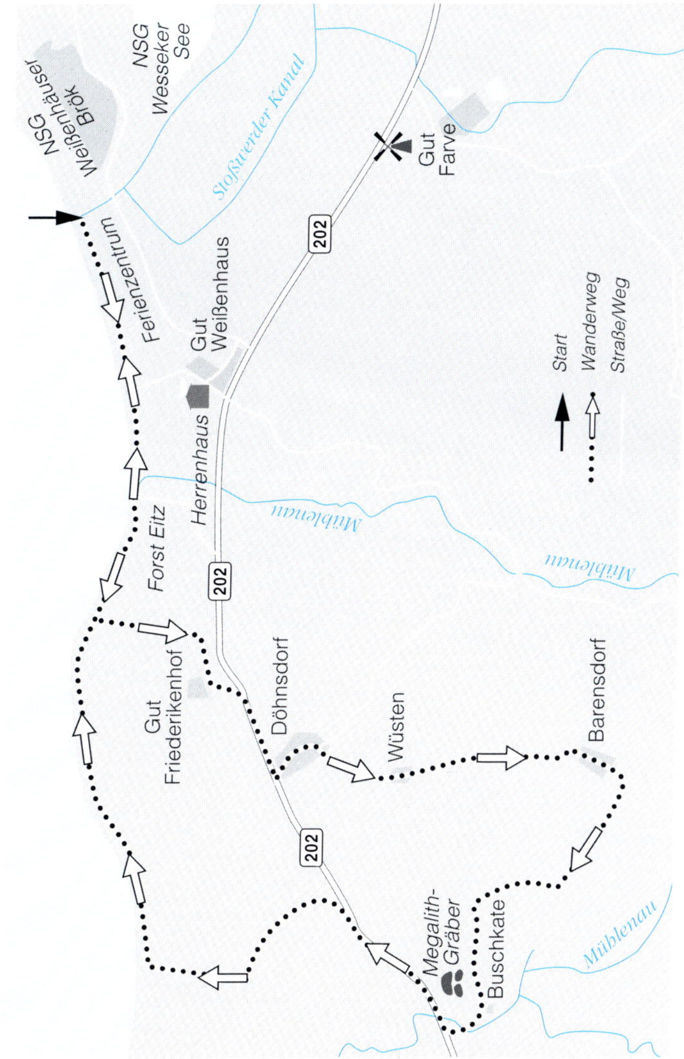
NSG Weißenhäuser Brök
NSG Wesseker See
Stoßwerder Kanal
Gut Farve
202
Ferienzentrum
Gut Weißenhaus
Herrenhaus
Forst Eitz
Mühlenau
Mühlenau
Gut Friederikenhof
Döhnsdorf
Wüsten
Barensdorf
Megalith-Gräber
Buschkate
Mühlenau
Start
Wanderweg
Straße/Weg

Megalithgräber von Buschkate: Das vom Landesamt für Vor- und Frühgeschichte erforschte archäologische Kulturdenkmal zeigt mehrere Gräber der jüngeren Steinzeit. Sie wurden etwa um 2.700 bis 2.500 v. Chr. errichtet.

Nachdem wir dieses Kulturdenkmal betrachtet haben, wandern wir den Feldweg weiter bis zur B 202. Wir folgen der Bundesstraße ca. einen Kilometer, um dann auf der anderen Straßenseite nach links Richtung Sehlendorf abzuzweigen. Nach 800 Metern nehmen wir rechts den Feldweg Richtung Ostsee, um schließlich entlang der Steilküste nach Weißenhäuser Strand zurückzuwandern.

■ Restaurant

Gasthof Jipp
Dorfstraße 4, 23758 Döhnsdorf,
☎ 0 43 82/3 69. Gutbürgerliche Küche.

Rundwanderung nach Hansühn

Länge ca. 19 km; Streckendauer ca. 4–5 Stunden (teilweise ausgeschildert von der Gemeinde Wangels mit grüner 4, 5, 6 und 10)

Von der Schleuse am Deich ausgehend, folgen wir zunächst dem Trimm-Dich-Pfad, gehen dann aber geradeaus weiter zur B 202. Die Beschilderung (Nr. 4 und 10) führt uns zunächst durch einen Wald. Hier können wir einen alten Rastplatz mit Wällen unter Bäumen erkennen. Noch im 19. Jahrhundert haben hier Mensch, Pferd und Vieh auf dem Durchzug – wir befinden uns auf einem Teil des ehemaligen Postweges nach Kiel – gerastet oder sogar genächtigt- Wir folgen dann einer alten Allee nach Farve. Linker Hand erblicken wir auf einem Hügel die reetgedeckte Farver Mühle (Erdholländer mit Zwickelgestell), die 1828 errichtet wurde und bis nach dem Zweiten Weltkrieg das umliegende Gebiet mit Mehl versorgte. Die Flügel wurden 1975 erneuert. Das Herrenhaus von Gut Farve wurde um 1480 als Vierflügelanlage errichtet, seit 1837 aber im englischen Burgenstil der Neugotik (Spitzbogen, Zinnenkränze und Staffelgiebel) überformt. Farve gehört zu den ältesten Gütern Holsteins.
Wir folgen nun dem Wanderweg Nr. 10. Bei der Weggabelung halten wir uns links, um uns bei der ersten Linkskurve rechts in den Feldweg zu wenden. Nach rund 1,5 Kilometern – es geht bergauf – erreichen wir Gut Charlottenhof (18. Jahrhundert). Es ist ein ehemaliger Meierhof des Gutes Farve, mit reetgedecktem Herrenhaus und mächtigen Scheunen. Hier stoßen wir auch auf den Wanderweg Nr. 6, dem wir bis nach Testorf folgen. Die spätbarocke Hofanlage von Gut Testorf ist von Wassergräben umzogen. Das prächtige Torhaus mit doppeltem Walmdach und Dachreiter

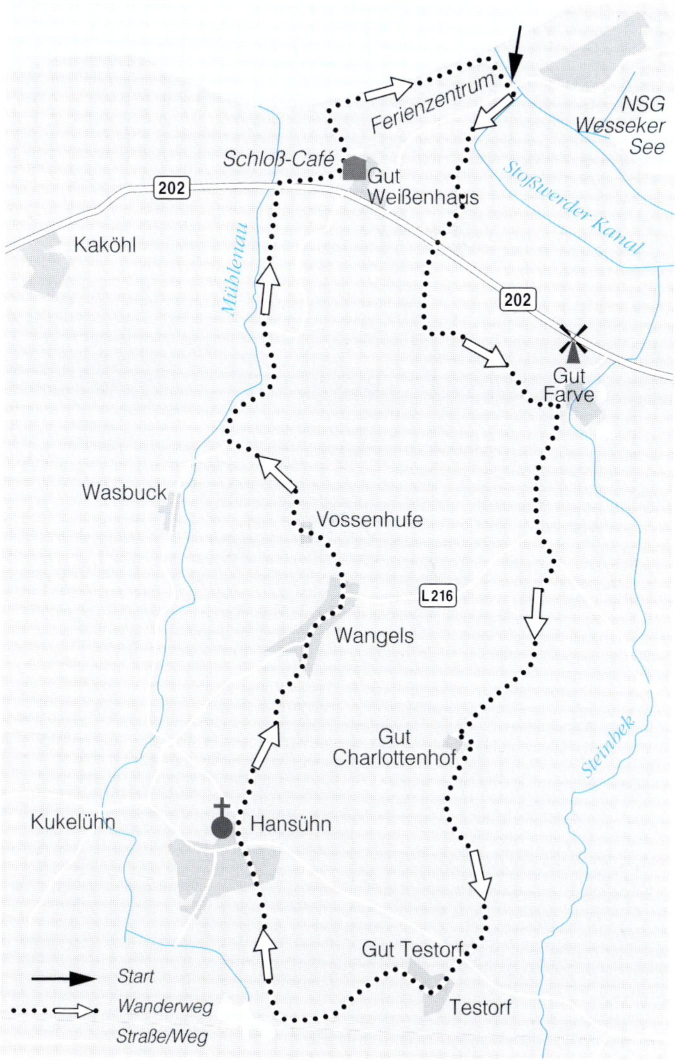
Ferienzentrum
NSG
Wesseker
See
Schloß-Café
Gut
Weißenhaus
202
Stoßwerder Kanal
Kaköhl
Mühlenau
202
Gut
Farve
Wasbuck
Vossenhufe
L 216
Wangels
Gut
Charlottenhof
Steinbek
Kukelühn
Hansühn
Gut Testorf
Testorf
Start
Wanderweg
Straße/Weg

Die Farver Windmühle (Erdholländer) von 1828.

wurde im Jahre 1769 – ebenso wie Gut Hasselburg bei Neustadt i. H. – nach den Plänen des Eutiner Hofbaumeisters Georg Greggenhofer fertiggestellt. Es gilt als Beleg für das bemerkenswerte Können der Baumeister in den vergangenen Jahrhunderten, einen Zusammenhang zwischen ihren Bauwerken und der umgebenen Natur herzustellen.
Wir setzen unseren Weg hinter der Gutsanlage nach rechts fort. Nach ca. einem Kilometer erreichen wir einen größeren Teich, der von Wald umrandet ist. Auf einem Feldweg, rechts vorbei am Teich, verlassen wir bald das parkartige Gelände und gelangen, rechts entlang der Ostseestraße, nach Hansühn.
Der staatlich anerkannte Erholungsort wurde 1975 zum „Schönsten Dorf des Landes" gekürt. Die im Dorf stehende Plastik eines Hahns bezeugt die damalige Auszeichnung. Das eigentliche Wahrzeichen des Hauptortes der Gemeinde Wangels ist jedoch die alte Christuskirche. 101 Meter über NN stehend, ist sie eines der höchstgelegenen Gotteshäuser Schleswig-Holsteins. Die im zweiten Viertel des 13. Jahrhunderts entstandene Feldsteinkirche wurde im Jahre 1896 durch die neugotische Saalkirche aus behauenen Granitsteinen mit Ziegelgliederung ersetzt. Die zum Teil noch mittelalterliche Innenausstattung wurde jedoch übernommen. So können wir die hölzerne Sitzmadonna aus dem frühen 14. Jahrhundert, die Kreuzgruppe (um 1520 bis 1530), den spätbarocken Altar, die Kanzel und die Taufe aus dem 17. Jahrhundert besichtigen. Wichtige Stücke stammen aus den Nachlässen der Herrschaften von Testorf und Weißenhaus. Den besten Ostseeblick hat man vom Mühlenberg aus. Nach vier Häusern hinter der Kirche Richtung Kükelühn am Ortsende zweigt der Aufgang zu der 95 Meter hohen Kuppe ab. Zum längsten Tag im Jahr, dem Tag der Son-

Gut Testorf, Gemeinde Wangels. Die spätbarocke Hofanlage ist von Wassergräben umgeben. Das prächtige Torhaus mit doppeltem Walmdach und Dachreiter wurde im Jahre 1769 fertiggestellt.

Das Wahrzeichen von Hansühn ist die alte Christuskirche. 101 Meter über NN stehend, ist sie eine der höchstgelegenen Kirchen Schleswig-Holsteins.

nenwende, wird hier alljährlich ein Feuer entzündet und bis tief in die Nacht gefeiert. (Info ☎ 04361/493 70/Privatnummer).
Nachdem wir den hinreißenden Blick über die Felder, Weiden, Gehöfte und Feldgehölze bis zum Ostseestrand genossen haben, verlassen wir Hansühn, indem wir dem Wanderweg Nr. 10 – immer bergab – über Wangels und Vossenhufe fünf Kilometer bis nach Wasbuck folgen. In dem idyllischen Dorf treffen wir auf die Schilder mit der grünen Nr. 5. Wir begleiten nun die Mühlenaue durch den Wald. Nach der Überquerung der B 202 biegen wir nach rechts zum Gut Weißenhaus ab. Bei gutem Wetter lockt hier das „Schloßcafé" mit Kaffee und Kuchen vor dem Herrenhaus. Eine prächtige Lindenallee – sie ist der Rest einer ehemaligen französischen Parkanlage um das Herrenhaus – führt uns direkt vom Cafégarten zur Straße nach Weißenhäuser Strand zurück.

■ Cafés

Schloßcafé
Im Sommer Kaffee und Kuchen vor dem Herrenhaus von Gut Weißenhaus. Man kann nicht telefonisch reservieren. Das Café öffnet nur bei schönem Wetter.

■ Restaurants

Krug zur alten Mühle
23758 Hansühn,
☎ 0 43 82/3 75. Gutbürgerliche Küche.

Zur Linde
23758 Wangels, ☎ 0 43 82/3 56.
Gutbürgerliche Küche.

Weißenhäuser Strand – Hohwacht und zurück

Länge ca. 18 km; Streckendauer gut 4–5 Stunden

Die Streckenbeschreibung kann hier knapp ausfallen, da der Weg sowohl hin als auch zurück immer an der Küste entlangführt. Ca. 2,5 Kilometer hinter Forst Eitz überschreiten wir die Kreisgrenze zum Landkreis Plön. Unten am Strand kann man sein Glück bei der Bernsteinsuche testen (siehe. S. 27). In Hohwacht können Funde geprüft und unter Anleitung selber geschliffen und weiterverarbeitet werden (Atelier Sandeck, Dünenweg, ☎ 0 43 81/54 80). Linker Hand sehen wir bald das Naturschutzgebiet „Sehlendorfer Binnensee". Das seit 1980 geschützte Gebiet ist ein ausgedehnter Brackwasser-Strandsee mit Verbindung zur Ostsee, umgeben von Salzwiesen, Salzröhricht und Strandwall. Das Gebiet des Sehlendorfer Binnensees und das der nach Süden anschließenden Futterkamper Niederung war in einem späten Stadium der Weichseleiszeit von einer Gletscherzunge ausgefüllt. Der nacheiszeitliche Meeresspiegelanstieg führte zum Wassereinbruch in dieses Becken. Anschließend entwickelte sich ein Nehrungssystem, so daß die ursprüngliche Bucht zur Ausgleichsküste umgeformt wurde. Der westlich von Hohwacht gelegene „Große Binnensee" ist genauso entstanden.
Abgeschieden zwischen Meer, Wald und den erwähnten Binnenseen liegt der ehemalige Fischerort Hohwacht vor uns. Das heutige Ostseeheilbad reizt nicht zuletzt wegen des vier Kilometer langen Strandes mit den sehr hohen bewaldeten Steilküstenabschnitten. Die überwiegend ein- bis zweistöckigen, oft schmucken Privathäuser, Ferienwohnungen und Hotels liegen inmitten einer parkartigen, von Laubbäumen bestandenen Hügellandschaft. In Hohwacht lockt ein beheiztes

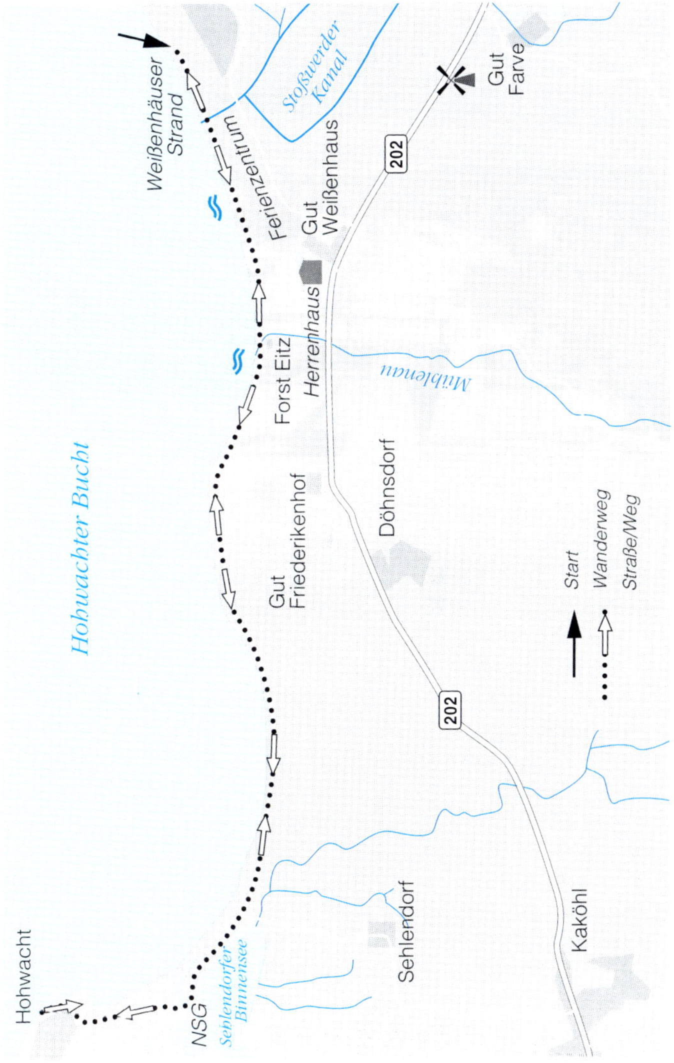
Hohwachter Bucht
Weißenhäuser Strand
Ferienzentrum
Stoßwerder Kanal
Gut Farve
202
Gut Weißenhaus
Herrenhaus
Forst Eitz
Mühlenau
Gut Friederikenhof
Döhnsdorf
Start
Wanderweg
Straße/Weg
202
Sehlendorf
Kaköhl
Sehlendorfer Binnensee
NSG
Hohwacht

Strandleben total – das ist es, was Familien in den kinderfreundlichen Badeorten der Hohwachter Bucht (hier Weißenhäuser Strand) suchen und finden. Im Strandbereich des Ferienparks liegt das größte Dünengebiet der schleswig-holsteinischen Ostseeküste.

Meerwasser-Freibad, auch Minigolf können wir hier spielen: Gepflegte Plätze finden sich auf der Höhe des Freibads, beim Parkplatz in Alt-Hohwacht (Krähenholt-Straße) sowie beim Campingplatz Tivoli, den wir auf dem Hinweg passiert haben.
Auf dem Hohwachter Golfplatz kann man übrigens das Golfspielen recht (preis)günstig ausprobieren. Für Neulinge steht eine Golfübungsanlage (Golfodrom) bereit, auf der alle Situationen des Golfspiels (Schräglagen, Fairwaybunker, Wasserhindernisse etc.) geübt werden können. Von zahlreichen kreisförmig angeordneten, zum Teil überdachten Abschlagplätzen wird auf Zielgrüns in unterschiedlichen Entfernungen gespielt.
Auf der Rücktour schweifen unsere Augen immer wieder bis zur weit im Osten vorgelagerten Insel Fehmarn.

■ Information

Kurverwaltung Hohwacht
Berliner Platz 1, 24321 Hohwacht, ☎ 0 43 81/70 85.

Golf & Country Club Hohwachter Bucht
Golfplatz, 24321 Hohwacht, ☎ 0 43 81/96 90, Fax 78 43.
Interessanter 9-Loch-Golfplatz mit Standardabschlägen Par 64 sowie zusätzlichen Kurzabschlägen Par 54. Ideale Bedingungen für Handicap- und Platzerlaubnisspieler. Für Neulinge steht eine Golfübungsanlage bereit.

■ Restaurants

Schuberts Strandhotel
Strandstraße 10–12, 24321 Hohwacht, ☎ 0 43 81/60 91, Fax 60 93.
Zu empfehlen ist insbesondere die „Alte Hohwachter Fischerstube“ mit Fischgerichten aus der Pfanne. Ausgezeichnet als umweltorientierter Betrieb.

Nudelladen
Möwenweg 10/Steilküste, 24321 Hohwacht, ☎ 0 43 81/94 17.
Bietet natürlich leckere Pasta.

■ Unterkunft

Zimmervermittlung Hohwacht
☎ 0 43 81/98 01 und 98 90, Fax 96 76.

Nach Oldenburg (mit Stadtrundgang)

Länge ca. 30 km; Streckendauer ca. 3–4 Stunden (*ausgeschildert vom Landkreis Ostholstein mit roter 12*)

Von der Schleuse fahren wir auf dem Deich in Richtung Osten zum Naturschutzgebiet Wesseker See. Auf dem Radweg neben der Kreisstraße K 48 geht es über Klein Wessek nach Dannau. Hier im Ort biegen wir nach rechts ab (Prof.-C.-Ehrenberg-Weg), um auf verkehrsärmeren Straßen nach Oldenburg bzw. zum Wallmuseum zu gelangen. Zur Beschreibung des Stadtrundgangs siehe Seite 140 ff.

Wir verlassen Oldenburg über die Schuhstraße im Südwesten der Stadt. Beim Berliner Eck (Schild 12/9) folgen wir der Neustädter Straße nach Süden. Beim Schild 12/10 geht es rechts ab nach Lübbersdorf. Hier benutzen wir den Radweg nach Johannisdorf, radeln entlang der K 60 und überqueren die Johannisbek (Kanal). Durch Felder und Dörfer (Klöterkate, Die Hufe), vorbei am nördlich (rechts) der Straße gelegenen Ehlerstorfer Wald, geht es Richtung Westen immer geradeaus nach Grammdorf. An der Abzweigung nach Meischenstorf befindet sich ein ca. 4.000 Jahre altes Megalithgrab. Dieses ursprünglich verdeckt angelegte Grab wurde im Jahre 1982 vom Landesamt für Vor- und Frühgeschichte (LVF) archäologisch untersucht und 1983 am jetzigen Standort, nahe der Fundstelle, mit neuem Deckstein wiedererrichtet. In der Gruft waren mehrere Tote beigesetzt mit Becher, Bernsteinperle, drei Steinbeilen und elf Pfeilen mit teils seltenen Feuersteinspitzen als Grabbeigaben.

Hinter dem langgestreckten Grammdorf halten wir uns links und durchfahren den Wald, vorbei am idyllisch gelegenen Gut Charlottenhof (siehe S. 158), um nach Wangels zu gelangen. Am Ortsausgang biegen wir links

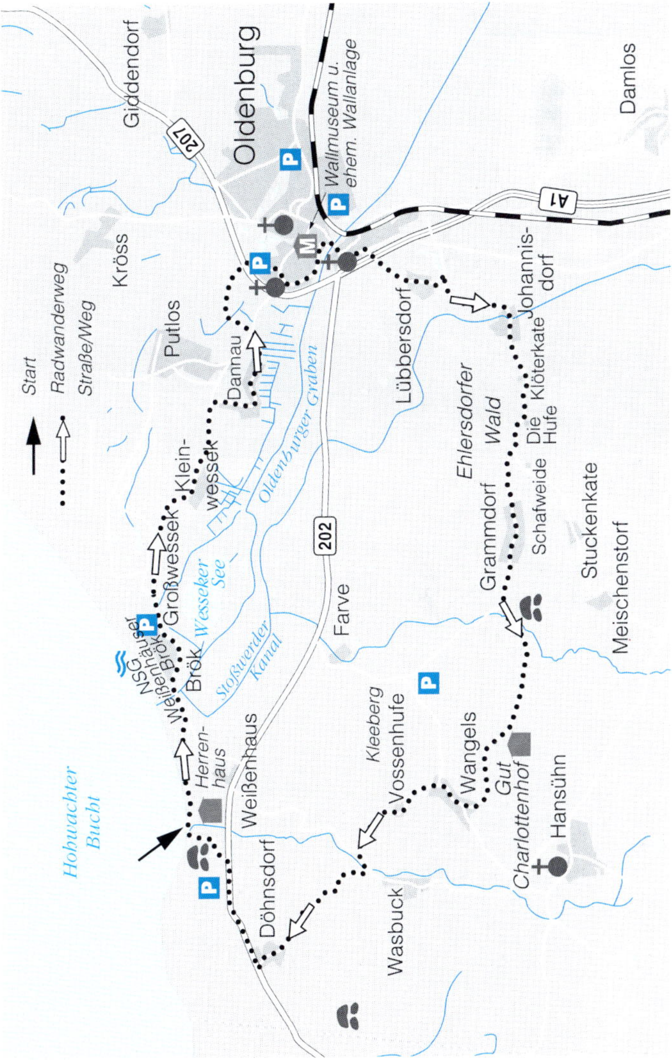
Start
Radwanderweg
Straße/Weg
Giddendorf
207
Oldenburg
Wallmuseum u.
ehem. Wallanlage
A1
Kröss
Putlos
Dannau
Klein-
wessek
Großwessek
Wesseker
See
Oldenburger Graben
202
Lübbersdorf
Johannis-
dorf
Klöterkate
Die
Hufe
Ehlersdorfer
Wald
Grammdorf
Schafweide
Stuckenkate
Damlos
Meischenstorf
Farve
NSG
Weißenhäuser
Brök
Brök
Stoßwerder
Kanal
Weißenhaus
Herren-
haus
Hohwachter
Bucht
Kleeberg
Vossenhufe
Wangels
Gut
Charlottenhof
Hansühn
Döhnsdorf
Wasbuck

An den schleswig-holsteinischen Steilküsten müssen die Zäune aufgrund der Kliffabbrüche immer wieder landeinwärts verlegt werden. In stürmischen Wintern können die Steilküsten über einen Meter zurückverlagert werden. Wie man sieht, ist die Risikobereitschaft der Küstenbesucher (hier am Forst Eitz) unterschiedlich ausgeprägt.

ab (Schild 12/24). Eine schmale Landstraße führt uns vorbei am Gehöft Vossenhufe Richtung Wasbuck. Anschließend zeigt uns Schild 12/31 den Weg nach Döhnsdorf. Wir halten uns rechts, nehmen den Radweg entlang der B 202, biegen dann links ab (Schild 12/35) zum Forst Eitz. In diesem Buchenwäldchen an der imposanten Steilküste kann man übrigens einige bronzezeitliche Hügelgräber entdecken. Auf dem Deich geht es zurück zum Ferienzentrum.

Tips für Gäste siehe S. 145

Rundtour nach Schönwalde am Bungsberg

Länge ca. 47 km; Streckendauer 5–6 Stunden (teilweise ausgeschildert vom Landkreis Ostholstein mit roter 15)

Wir fahren zunächst nach Döhnsdorf (Streckenbeschreibung siehe S. 154). Am Ende des Dorfes stoßen wir bei der Straßengabelung auf einen Holzpfahl mit dem Schild 15/40. Wir folgen nun den weiteren Schildern mit der roten 15 über Wasbuck, Vossenhufe und Wangels bis nach Hansühn. Hier radeln wir auf der Ostseestraße in südlicher Richtung am rechter Hand gelegenen Sportplatz vorbei, um auf einen befestigten Feldweg zur L 216 zu kommen. Nach etwa 200 Metern zweigen wir rechts ab. Asphaltierte Wirtschafts- sowie Kieswege bringen uns über Neutestorf nach Karlshof. Der Weg verläuft nun immer südwärts bis nach Langenhagen, wo wir am Schild 15/16 nicht nach rechts, sondern weiter geradeaus nach Schönwalde fahren.
Der Name des ländlichen Ortes sagt eigentlich bereits alles: Schön ist es hier, und viel Wald gibt es ringsum auch. So wurde Schönwalde bereits mehrmals als schönstes Dorf im Landkreis Ostholstein und einmal sogar des ganzen Landes prämiiert. Die über 750 Jahre alte Ortschaft schmiegt sich um den 167,4 Meter hohen Bungsberg, die höchste Erhebung Schleswig-Holsteins. Der Mittelpunkt des Dorfes ist die Feldsteinkirche aus dem 13. Jahrhundert. Im Innern sind sehenswert die Kanzel von 1647, ein Taufengel von 1759 und der Altar von 1762. Das Kirchenschiff wurde um 1700 verlängert und dreiseitig ausgebaut Der Glockenturm stammt aus der Mitte des 19. Jahrhunderts. Gegenüber der Kirche liegt das ehemalige Organistenhaus aus dem Jahre 1786. Das sehenswerte Dorfmuseum ist im alten Schulhaus aus dem Jahre 1823 untergebracht. Die erste Sammlung wurde von den

Ferienzentrum
Sehlendorfer Binnensee
Wesseker See
Stoßwerder Kanal
Gut Weißenhaus
Döhnsdorf
202
Wüsten
Kaköhl
202
Gut Farve
Barensdorf
L216
Wangels
Steinbek
Mühlenau
Geschenberg
Nessendorf
Hansühn
Ellert
Testorf
Hasenberg
Neutestorf
Karlshof
L216
Mönchneversdorf
Schrapenteich
Hofteich
Langenhagen
Bungsberg
Fernseh- u. Elisabethturm
Start
Radwanderweg
Straße/Weg
Schönwalde
Feldsteinkirche
Dorfmuseum
M

Schülern des Lehrers und Museumsbegründers Hermann Michaelsen (1904–1988) zusammengetragen. Besonders interessant ist der alte Klassenraum mit Originalausstattung. Hier wird für Gruppen nach Anmeldung eine Unterrichtsstunde in „Deutscher Schrift“ mit Schiefertafel und Griffel erteilt. Das Museum umfaßt weiterhin die Bereiche: Arbeitsgerät für Haus- und Landwirtschaft sowie Handwerke, Jagd und Forstwirtschaft, Fotos mit Motiven aus dem dörflichen Leben, Haus- und Mühlenmodelle.
Der Weg vom Dorf zum Bungsberg ist ausgeschildert. Der Bungsberg ist nicht nur die höchste, sondern auch die älteste Erhebung der Holsteinischen Schweiz. Zwei aus Norden und Südosten herandrängende weichselzeitliche Gletscherzungen trafen hier auf bereits in einem frühen Stadium der letzten Eiszeit angehäufte Schuttmassen. Die beiden Gletscher schafften es nicht, den alten „Berg“ zu überfahren und abzuhobeln. Ringförmig umflossen sie ihn daher und setzten dann an den Flanken mehrere Staffeln von Moränen ab, so daß wir auf unserer Tour etliche auffällige Ablagerungswälle überqueren müssen. Das Zentrum des Bungsbergkomplexes ragte dabei wie eine Insel aus dem allseits fließenden Inlandeis heraus und blieb eisfrei. Von der Fachwelt wird eine derartige glazialgeomorphologische Erscheinung als „Nunatak“ bezeichnet.
Die Oberflächenformen des Bungsberges lassen sich eindrucksvoll von der Aussichtsplattform des Fernsehturmes studieren. Einschließlich des Gittermastes an der Spitze erreicht der Turm eine Gesamthöhe von 179 Metern über Grund. Die Aussichtsplattform in 40 Meter Höhe erreicht man nach dem mühsamen Ersteigen von 200 Wendeltreppenstufen. Der vorhandene Fahrstuhl darf nur vom Turmpersonal benutzt werden. An klaren Tagen reicht die Sicht bis nach Eutin, Neu-

Nicht zu übertreffen: Diesen herrlichen Blick bietet der „Gipfel“ des Bungsbergkomplexes. Mit 167,4 Metern befindet man sich hier an der höchsten Stelle Schleswig-Holsteins.

Mittelpunkt des Ferienortes Schönwalde am Bungsberg ist die Feldsteinkirche aus dem 13. Jahrhundert.

stadt und Fehmarn, ja bis nach Lübeck und zur Küste von Mecklenburg-Vorpommern. Die Holsteinische Schweiz mit Dieksee, Kellersee und Großem Eutiner See liegt dem Turmbesteiger zu Füßen. Immerhin befindet er sich dort oben mehr als 200 Meter über dem Meeresspiegel. Hinweistafeln zeigen, welche Orte oder Attraktionen wo auszumachen sind. Der Telekom-Turm ist täglich bis 30 Minuten vor Eintritt der Dämmerung geöffnet. Man betritt den Turm durch eine Drehtür, die nach Münzeinwurf (1,– DM) entriegelt wird.

Auf dem Bungsberg finden wir aber noch einen weiteren, älteren Turm: den 22 Meter hohe Elisabethturm, den Großherzog Peter II. von Oldenburg 1863/64 als achteckigen Aussichtsturm aus Granitquadern errichten ließ und nach seiner Gemahlin benannte. Er ist somit einer der wenigen Türme in Schleswig-Holstein, die nicht den Namen „Bismarck" ehren. Leider ist der Elisabeth-Turm seit Anfang der siebziger Jahre gesperrt und nicht mehr zu besichtigen.

In den Wäldern des Bungsbergs – sie sind Reste eines einst gewaltigen Urwaldgebietes – entspringen drei Flüsschen. Die Schwentine, der heilige Fluß Swentana der hier einst siedelnden Slawen, entspringt mit mehreren Quellen am Südwesthang in 115 Meter Höhe. Der 62 Kilometer lange Fluß entwässert die gesamte Seenplatte zur Ostsee hin. Auf ihrem kurzen Lauf vom Bungsberg bis zur Kieler Förde durchquert die Schwentine mehr als ein Dutzend größere und kleinere Seen.

Der Bungsberg ist der Grund dafür, daß das Ostseebad Weißenhäuser Strand einen Rodelschlitten-Verleih unterhält: In schneereichen Wintern ist hier der nördlichste Skilift Deutschlands in Betrieb.

Wir verlassen das Bungsberggebiet in nördlicher Richtung, um entlang der L 216 vorbei am Hofteich (Info für Angler unter ☎ 0 45 28/6 68) über Mönchneversdorf nach Neutestorf zu radeln. Hier treffen wir wieder auf den beschilderten Radweg. Am Schild 15/6 biegt man nach links ab und folgt der weiteren Beschilderung über Nessendorf, Geschenberg, Barensdorf und Wüsten bis nach Döhnsdorf. Ab hier benutzen wir wieder den Radweg entlang der B 202, um am Schild 12/35 zum Forst Eitz links abzubiegen. Auf dem Deich geht es zurück nach Weißenhäuser Strand.

■ Information

Fremdenverkehrsverein Schönwalde
Am Lachsbach 5, 23744 Schönwalde a. B., ☎ 0 45 28/3 64.

■ Museen

Dorfmuseum Schönwalde
Am Dorfteich, 23744 Schönwalde, ☎ 0 45 28/7 37.
Die Sammlung ist auf Seite 174 beschrieben. Öffnungszeiten: 15. Mai bis 30. September, Di., Fr. 16 bis 18 Uhr; 1. Juli bis 31. August auch So. 16 bis 18 Uhr.

■ Restaurants

Altes Amt
Eutiner Straße 39,
23744 Schönwalde a. B.,
☎ 0 45 28/7 75.
Eine der Topadressen in Holstein. Tischreservierungen unbedingt erforderlich.

Waldgasthof Bungsberg
23744 Schönwalde a. B.,
☎ 0 45 28/2 08.
Einkehr zum Kaffeetrinken bei der Bungsbergtour.

Nach Panker und zum Hessenstein

Länge ca. 39 km; Streckendauer, gut 4–5 Stunden

Zunächst geht es wie auf Seite 164 ff. beschrieben nach Hohwacht. Dort fahren wir auf den Straßen Am Brack, Stock und Am Buchholz weiter. Nach 900 Metern biegen wir rechts ab in die Seestraße, um nach weiteren 300 Metern schräg nach links Richtung Lippe hinter dem Deich weiterzuradeln. Linker Hand blicken wir über die Trockenwiesen zum Großen Binnensee. Der Strandsee ist heute durch den 1878 gebauten Deich und ein Siel vollständig von der Ostsee abgetrennt und damit hochwassergeschützt. Beim kleinen Hafen Lippe geht es links ab zum See, weiter am Nordufer auf der K 35 bis Seekamp. Hier halten wir uns links. Nach einem Kilometer auf der K 26 biegen wir auf der Kreuzung Höhe Gut Waterneversdorf nach rechts in den Feldweg ab. Zunächst geht es immer am Hang entlang (500 Meter), doch schon der nächste Abzweig nach links beschert uns eine saftige Steigung. Von hier bis zum südlich gelegenen Gut Panker überwinden wir fast 55 Höhenmeter.

Das Gut Panker war ursprünglich im Besitz der v. Rantzaus. Detlev v. Rantzau war der Erbauer des schneeweißen dreiflügeligen Herrenhauses aus der Zeit um 1650. Landgraf Friedrich von Hessen-Cassel, der als Friedrich I. den schwedischen Thron bestiegen hatte, kaufte im Jahre 1741 Panker und die umliegenden Güter Schmoel, Hohenfelde und Klamp, um sie der Gräfin Hedwig Ulrike von Taube zu schenken, mit der er eine Ehe „zur linken Hand“ führte. Später (1868) verlieh König Wilhelm I. den vier Hessensteinischen Gütern die Bezeichnung „Herrschaft Hessenstein“. Panker ist noch immer hessischer Besitz. Es gehört zur Kurhessischen Hausstiftung, die ihren Sitz auf Schloß

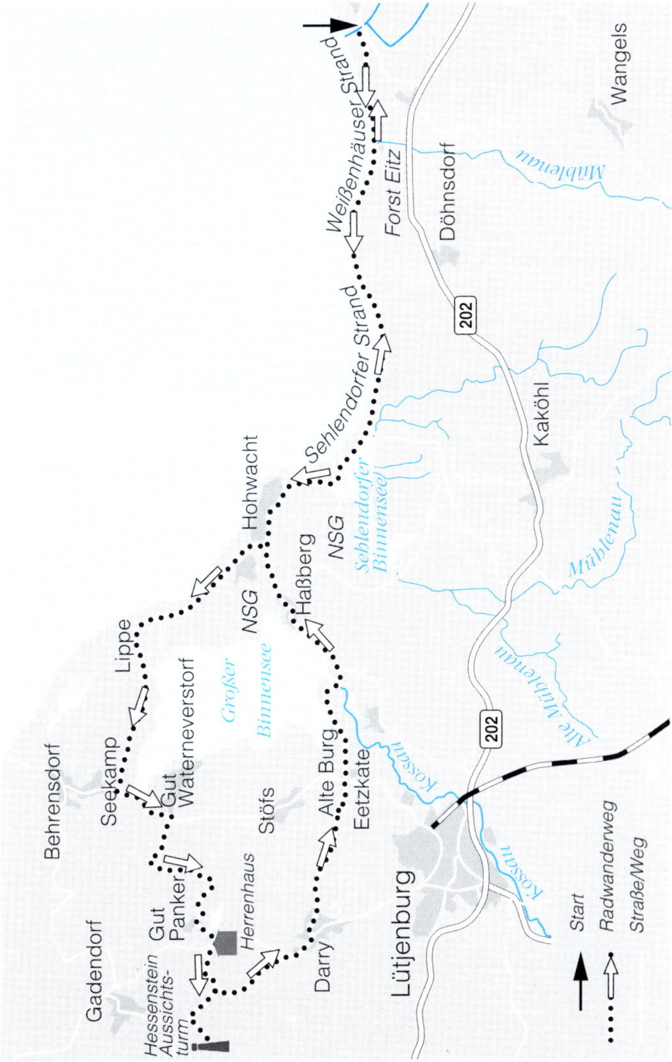
Weißenhäuser Strand
Forst Eitz
Wangels
Mühlenau
Döhnsdorf
202
Sehlendorfer Strand
Kaköhl
Sehlendorfer Binnensee
Mühlenau
NSG
Hohwacht
Haßberg
NSG
Lippe
Großer Binnensee
Alte Mühlenau
Waterneverstorf
Gut
Seekamp
Behrensdorf
Alte Burg
Eetzkate
Kossau
Stöfs
Lütjenburg
Herrenhaus
Gut Panker
Darry
Gadendorf
Hessenstein Aussichts-turm
Start
Radwanderweg
Straße/Weg

Kronberg im Taunus hat. Heute bestimmen Pferde das Bild; Panker erlangte nach dem Zweiten Weltkrieg den Ruf eines bedeutenden Trakehner-Gestüts.
Schräg gegenüber dem schloßartigen Herrenhaus finden wir das originelle Hotel-Restaurant „Ole Liese“ mit dem bebilderten Spruch über dem Eingang:

„In de ole Liese,
Hier geiht dat na de ole Wiese,
De Werth, de süpt dat Beste,
Segt prost, mien leven Gäste!“

Eine Besichtigung der herrschaftlichen Park- und Gebäudeanlagen ist nicht möglich, da das Herrenhaus privat bewohnt wird. Allerdings finden in der renommierten Torhaus-Galerie regelmäßig Kunstausstellungen statt, deren Besuch sich lohnt.
Zur Herrschaft Hessenstein gehört auch der 1839 bis 1841 im neugotischen Stil als achteckiger Aussichtsturm errichtete Hessenstein auf dem 128 Meter hohen Pilsberg. Wir erreichen diese zweithöchsten Moränenwälle Schleswig-Holsteins, indem wir vom Herrenhaus aus in südwestlicher Richtung zur L 165 fahren. Auf der gegenüberliegenden Straßenseite führt ein holpriger Waldweg zum (ausgeschilderten) Ziel. 111 gußeiserne Wendeltreppenstufen führen hinauf zur Aussichtsplattform in 17 Metern Höhe. Zum Entriegeln der Drehtür auf halber Höhe sollte man ein Markstück bereithalten. Von hier oben blickt man weit über das wellige Relief der Hessensteinmoränen, die zwischen zwei großen Gletscherzungen zusammengeschoben wurden. Eine von ihnen lag im Gebiet des Selenter Sees, die zweite drang aus nordöstlicher Richtung durch die Hohwachter Bucht bis kurz vor Lütjenburg vor. Bei guter Fernsicht können im Westen die schleswig-holsteinische

Ein prachtvolles Anwesen ist Gut Panker nördlich von Lütjenburg. Das schloßartige Herrenhaus wurde um 1650 von Detlev v. Rantzau errichtet. Im Torhaus ist eine moderne Galerie untergebracht, deren Besuch sich lohnt.

Das Hinterland der Ostsee ist eine friedliche Welt für sich. Hier die braunen Stoppelfelder nach der Ernte am Pilsberg.

Der von 1839 bis 1841 gebaute Aussichtsturm Hessenstein gehört zum Gut Panker. Im Turm führt eine gußeiserne Wendeltreppe zur Aussichtsplattform in 17 Metern Höhe.

Landeshauptstadt Kiel, im Norden die dänischen Südinseln und im Osten Fehmarn mit der Sundbrücke erspäht werden. Im Süden reicht der Blick weit über den Selenter See – den zweitgrößten See Schleswig-Holsteins – hinaus.
Bevor wir uns auf den Rückweg begeben, kann eine Einkehr ins Forsthaus Hessenstein am Fuße des Turmes auf dem Programm stehen. Die Küche des sehr geschmackvoll eingerichteten Restaurants wurde mehrfach ausgezeichnet.
Dann geht's bergab! Zunächst die Piste runter zur Straße, dort rechts bis zur L 165 nach Darry. Im Ort nehmen wir den Linksabzweig, der uns auf gewundenen Feldwegen immer westwärts nach Eetzkate führt. Bei der Bushaltestelle Eetzkate geht der Weg weiter durch den Wald „Alte Burg" zum idyllischen Kossautal. Wir halten uns rechts und finden so hinter der Brücke über den Flußlauf die Straße nach Hohwacht (L 164). Ab hier geht es wie auf S. 164 ff. zurück nach Weißenhäuser Strand.

■ Information

Torhaus-Galerie Gut Panker
24321 Panker, ☎ 0 43 81/66 86, Fax: 47 56.
In der renommierten Torhaus-Galerie finden regelmäßig Kunstausstellungen statt, deren Besuch sich lohnt.

■ Restaurants

Ole Liese
Gut Panker, 24321 Panker, ☎ 0 43 81/43 74.
Traditionsgasthaus gegenüber dem Herrenhaus mit einigen Erinnerungsstücken.

Forsthaus Hessenstein
24321 Panker, ☎ 0 43 81/94 16.
Am Fuße des Aussichtsturms Hessenstein. Kleine Räume, sehr geschmackvoll eingerichtet, erstklassige Küche.

Allgemeiner Deutscher Fahrrad-Club

Ausgearbeitete Vorschläge für Radtouren in Ostholstein mit fachkundiger Begleitung bietet der Allgemeine Deutsche Fahrrad-Club (ADFC) unter der Lübecker Telefonnummer 04 51/7 83 63 am Mi. 16 bis 18 Uhr und Do. 18 bis 20 Uhr.

Fahrrathon

Eine besondere Veranstaltung findet jedes Jahr am zweiten Sonntag im August statt – der Ostsee-Fahrrathon, das „Sattelfest für Sattelfeste“. Die klassische Marathon-Distanz von 42,195 Kilometern wird dann auf den schönsten Wegen an der Ostseeküste zurückgelegt. Plakate kündigen den Fahrrathon mit allen wichtigen Informationen rechtzeitig an.

Fahrradtransporte mit der Bahn

Fahrrad-Netzkarte Schleswig-Holstein:
Der Nahverkehr der Deutschen Bahn AG in Schleswig-Holstein bietet eine neue Fahrrad-Netzkarte für das in vier Netze aufgeteilte Schleswig-Holstein an. Eine Broschüre zum Thema Fahrradnetzkarte mit Informationen über die vier Netze, Tourenvorschlägen, Preisen und Geltungsdauer ist bei allen Fahrkartenausgaben erhältlich.

Fahrradmitnahme bei der Deutschen Bahn AG:
Die Fahrradkarte ist gültig in den Zügen des Nahverkehrs, der Regionalschnellbahnen, den Eilzügen, der City-Bahn und den Regionalbahnen. Die Räder können in diesen Zügen bis 100 Kilometer im Rahmen des zur Verfügung stehenden Platzes in den Einstiegsräumen mitgenommen werden. Die Mitnahme von Fahrrädern in Zügen des Fernverkehrs (ab 101 Kilometer) ist in Interregio-Zügen sowie in einigen IC-Zügen (Fahrradsymbol im Kursbuch) möglich.

Fahrräder in den EC-Zügen 182 und 183:
Während der Geltungsdauer des Sommerfahrplans können von den Bahnstationen Oldenburg und Puttgarden aus im EuroCity (EC) auch Fahrräder nach Kopenhagen und Hamburg mitgenommen werden. Das gilt allerdings nur für zwei Züge: EC 182 und 183. Insgesamt stehen in diesen Zügen 30 Stellplätze für Fahrräder zur Verfügung, die vorbestellt werden können. Es können also auch geschlossene Reisegruppen mit Rädern diese Plätze rechtzeitig einplanen und ordern.

Fehmarn-Ferien-Linie

Die Fehmarn-Ferien-Linie ist ein wichtiger Teil des Inselschutzkonzeptes Fehmarn (siehe S. 43 ff.). Das Besondere an diesem Bus ist, daß ein Anhänger mitgeführt wird, auf dem die Passagiere kostenlos ihre Fahrräder mitnehmen können. Die speziell gekennzeichneten Fahrradbushaltestellen liegen alle an dem über 170 Kilometer langen Fahrradnetz der Insel. Von Montag bis Sonnabend verkehren von Anfang Juni bis Ende September zwei Touren täglich: Um 9.45 und 13.30 Uhr beginnt an der Haltestelle Burg/Markt ein Rundkurs. Der Weg führt über Landkirchen, Lemkendorf, Petersdorf, Bojendorf, Wallnau, Schlagsdorf im Bogen nach Puttgarden und über Presen und Meeschendorf zurück nach Burg. Diese Tour endet um 12.15 bzw. 15.35 Uhr. Um 12.15 und 15.35 Uhr startet der Fahrradbus zur „kurzen“ Strecke. Von Burg/Markt aus geht es bis nach Wallnau und dann direkt wieder zurück. Die Rückkehr des Busses erfolgt um 13.20 bzw. 16.40 Uhr. Wenn viele Fahrräder zu transportieren sind, kann der Bus schon mal bis zu 15 Minuten Verspätung haben – im Urlaub sollte das nicht stören. Mit dem Busfahrschein erhält der Gast im Wasservogelreservat Wallnau ermäßigten Eintritt. Weitere Informationen zur Fehmarn-Ferien-Linie und zu den Veranstaltungen des Umweltrates für 1996 gibt die Geschäftsstelle des Umweltrates unter ☎ 0 43 71/5 08 54 oder die Autokraft, 23774 Heiligenhafen, ☎ 0 43 62/16 37.

Fehmarn-Ferien-Ticket

Dieses Ticket können alle Familien mit bis zu drei Kindern erwerben. Für 45.– DM kann man eine Woche lang alle Busse (auch die Fehmarn-Ferien-Linie) auf der Insel (sowie auf der direkten Linie bis Heiligenhafen) benutzen.

Info-Broschüre „Unterwegs mit Rad, Bus und Bahn“

Die Broschüre des Fremdenverkehrsclubs Deutschland (Burgstraße 4, 24103 Kiel, ☎ 04 31/9 37 56, Fax 9 20 47) nennt Verkehrsbetriebe und Linien, auf denen die Fahrradmitnahme möglich ist und listet Beförderungsbedingungen und Tarife auf. Im Anhang gibt es zusätzliche Adreßlisten aller Verkehrsbetriebe, bei denen man sich nach Abfahrzeiten und Haltepunkten erkundigen kann.

Insel-Radel-ARGE
Auf Fehmarn existiert eine Insel-Radel-ARGE (c/o Insel-Information, Breite Straße 28, 23769 Burg a. F., ☎ 0 43 71/30 54 u. 30 55, Fax 5 06 81). Die Arbeitsgemeinschaft ist der Herausgeber einer Fehmarn-Radtouren-Karte (3,– DM Schutzgebühr).

Pauschalangebote
Fehmarn:
Inselradeln auf Fehmarn: Wenn man eine Woche bucht, wird neben einer Fehmarnkarte für die gesamte Zeit ein Fahrrad zur Verfügung gestellt.

Holsteinische Schweiz:
Auf Schusters Rappen durch die Holsteinische Schweiz:
Die ausführlichen Programme bekommt man bei: Schleswig-Holstein Tourismus GmbH, Niemannsweg 31, 24105 Kiel, ☎ 04 31/5 60 02 10, Fax 5 60 02 00.

Begleitete Radwander-Pauschalreisen, die einen Gepäcktransport beinhalten, bieten die nachstehenden Veranstalter an:
„die Landpartie" Radeln & Reisen GmbH, Postfach 2244, 25438 Tornesch, ☎ 0 41 22/5 47 15, Fax 5 50 83: „Ostsee-Kreuzfahrt"; eine siebentägige Radreise durchs östliche Holstein, das angrenzende Mecklenburg und die Ostseeinseln Falster und Lolland.
Radius-Reisen, Inh. Ingeburg Walther, Papendieksfeld 2, 30966 Hemmingen, ☎ 05 11/23 16 11, Fax 23 19 86. „Holsteinische Schweiz"; eine dreitägige Radreise in die Holsteinische Schweiz und an die Hohwachter Bucht. Start und Ziel: Eutin.

Rad- und Wanderverein Wagrien e.V.
Der Rad- und Wanderverein Wagrien e.V. organisiert anspruchsvolle Touren: ☎ 0 43 61/6 07 42 (= Privatnummer).

Wanderverband Norddeutschland e.V.

Der Verein (Geschäftsstelle: Spaldingstraße 160B, 20097 Hamburg, ☎ (0 40) 23 00 86, Fax 23 01 48) führt während des ganzen Jahres, meist an Wochenenden, Wanderungen durch, denen sich jeder Wanderfreudige anschließen kann. Nähere Informationen sind über den Wanderverein Ostholstein e.V., Godenbergredder 13a, 23714 Malente, ☎ 0 45 23/99 01 24 erhältlich.

Was Radfahrer beherzigen sollten

Der Landwirtschaft kann der Radler dankbar sein, daß ihre Wirtschaftswege ihm das Dahinrollen erleichtern. Nehmen wir also Rücksicht auf Felder und Flure und nicht zuletzt auf die Tiere, die hier weiden. Respektieren Sie das Privateigentum in Wald und Flur. Legen Sie Ihre Radtouren, wenn Sie es einrichten können, nicht unbedingt in die verkehrsreiche Hochsaison. Ideale Monate zum Radfahren in Ostholstein sind auch Mai und Juni sowie September/Oktober. Wer aber in der Hochsaison hier ist, hat dank des Rades den Vorzug, auch schmalere, stillere Wege und entlegenere Punkte aufsuchen zu können, um dort Natur und Landschaft zu genießen.

Angeln

Fehmarn:
An der Ostseeküste werden Fischereischeine anderer Bundesländer anerkannt. Ohne Schein ist Angeln mit Ausnahmegenehmigung für maximal 40 Tage möglich. Die Gebühr beträgt 22,00 DM. Die Genehmigung ist erhältlich beim Ordnungsamt im Burger Rathaus und beim Amt Fehmarn, Bahnhofstraße 5, 23769 Burg a. F., ☎ 0 43 71/ 50 80.
Informationen über Angeln in den Gewässern des Angelvereins Sahrensdorfer Binnensee und Torfkuhle: E. Dittmann, Niendorfer Straße 5, 23769 Burg a. F., ☎ 0 43 71/ 24 15 (Schein bzw. Ausnahmegenehmigung nötig).
Hochseeangelfahrten (mit zollfreiem Einkauf an Bord) ab Hafen Burgstaaken möglich. Information Willi Lüdtke, ☎ 0 43 71/12 63 und Wolfgang Lüdtke, ☎ 0 43 71/21 49.

Heiligenhafen:
Angelschein im Rathaus, Zi. 112, ☎ 0 43 62/90 66.

Hochseeangeln:
Heiligenhafen ist das Zentrum des Meeresangelsports in Deutschland. Das Hochseeangeln vom Fischkutter ist ganzjährig und fast bei jedem Wetter möglich (Fahrpreis: ca. DM 25,–). Die Kutter laufen morgens zwischen 6.00 und 7.30 Uhr aus und bleiben ca. acht Stunden auf See.

Brandungsangeln:
Die Firma Baltic Kölln hält zu diesem Thema einen Ratgeber bereit. ☎ 0 43 62/90 70 11, Fax 90 70 17.

Weißenhäuser Strand:
Angelteich Putlos, ☎ 0 43 61/26 10.

Badewasserqualität

Detaillierte Informationen über die Qualität der Badegewässer geben jeweils die zuständigen Gesundheitsbehörden oder Ämter für Umweltschutz (Ostholstein ☎ 0 45 21/ 7 78 38) sowie die örtlichen Kurverwaltungen. Bei Fragen von überörtlicher Bedeutung kann man sich auch an das zuständige Referat im Kieler Ministerium für Natur und Umwelt (☎ 04 31/21 90) wenden. Weiter steht für Fragen oder Hinweise auch der Fremdenverkehrsverband in Kiel (☎ 04 31/5 60 00) bereit.

Campingplätze

Fehmarn:
Der Verein „Camping-Paradies Ostsee-Insel Fehmarn e.V.“, Postfach 1201, 23769 Burg a. F., ☎ 0 43 71/42 50 gibt einen Prospekt heraus, in dem alle Campingplätze der Insel reich illustriert vorgestellt werden.

Am Belt, 200 Plätze
23769 Dänschendorf a. F.,
☎ 0 43 72/3 91, Fax
☎ 0 43 71/94 92.

Fehmarnbelt, 400 Plätze,
23769 Dänschendorf a. F.,
☎ 0 43 72/4 45, Fax 13 45.

Mirarmar-Fehmarnsund, 385 Plätze,
23769 Fehmarnsund,
☎ 0 43 71/32 20, Fax 69 07.

Flügger Strand, 500 Plätze,
23769 Westfehmarn,
☎ 0 43 72/7 14, Fax 15 88.

Flüggerteich, 50 Plätze,
23769 Flüggerteich,
☎ 0 43 72/3 49.

Am Niobe, 300 Plätze,
23769 Gammendorf,
☎ 0 43 71/32 86.

Ostsee, 330 Plätze,
23769 Katharinenhof,
☎ 0 43 71/90 32.

Waldpavillon, 30 Plätze,
23769 Katharinenhof,
☎ 0 43 71/21 24.

Klausdorfer Strand, 330 Plätze,
23769 Klausdorf,
☎ 0 43 71/25 49.

Südstrand, 400 Plätze,
23769 Meeschendorf,
☎ 0 43 71/21 89.

Europa-Camping, 400 Plätze,
23769 Meeschendorf,
☎ 0 43 71/24 19.

Puttgarden, 140 Plätze,
23769 Puttgarden,
☎ 0 43 71/34 92.

Wohnmobilplatz Johannisberg,
23769 Puttgarden a. F.,
☎ 0 43 71/40 70.

Strukkamphuk, 400 Plätze,
23769 Strukkamp,
☎ 0 43 71/21 94.

Strand-Camping Wallnau (auch FKK), 850 Plätze,
23769 Wallnau,
☎ 0 43 72/4 56, Fax 18 29.

Am Deich, 50 Plätze,
23769 Wenkendorf,
☎ 0 43 72/3 16 oder 7 77, Fax 15 64.

Wulfener Hals, 800 Plätze, 23769 Wulfen, ☎ 0 43 71/56 53, Fax 90 41 und 37 23.

In der Nähe von Heiligenhafen: Seekamp, 23779 Seekamp, ☎ 0 43 65/73 33.

Seepark, 23779 Sütel, ☎ 0 43 65/74 74.

Hohes Ufer, 23779 Ostermade, ☎ 0 43 65/4 96.

Weißenhäuser Strand: Triangel, ☎ 0 43 61/28 68 (Sommer), 37 08 (Winter), Fax 31 64.

DFO

Deutsche Fährgesellschaft Ostsee, Fährcenter Puttgarden, ☎ 0 43 71/86 51 11.

Essen

Bei den in zahlreichen Häusern Ostholsteins angebotenen „6-Taler-Gerichten" handelt es sich jeweils um ein Tellergericht zum Festpreis von 18 DM. Alle 6-Taler-Gerichte wurden bei lokalen Präsentationen bewertet. Man bekommt ein Gericht, das mit landestypischen Zutaten hergestellt wurde und das jederzeit als Aushängeschild der Küche gelten kann.
Häuser, die Plaketten tragen, die das „Kinderpreise pfennigweise" anzeigen, bieten den Kinderteller zu einem Preis an, der sich an der Körpergröße des kleinen Gastes orientiert. Ist Paulchen 87 Zentimeter groß, müssen Mami und Papi 87 Pfennig bezahlen, weist Leonie schon stolze 112 Zentimeter vor, so wird ihr Kinderteller mit ganzen 1,12 DM berechnet.

Fahrradverleih

Wilhelm Becker, Middeldor 1, 23769 Dänschendorf, ☎ 0 43 72/3 31.

Heike Grimm, Staakensweg 67, 23769 Burg a. F., ☎ 0 43 71/48 28.

Nico Hinz, Meisterstraße 17, 23769 Landkirchen, ☎ 0 43 72/33 34 (mit Reparaturmöglichkeit).

Langes Gasthof, Uwe Westensee, Mittelstraße 6, 23769 Petersdorf, ☎ 0 43 72/13 33.

Gertrud Machmüller, Mittelstraße 1, 23769 Petersdorf, ☎ 0 43 72/2 66.

Hans-Jacob Marquardt, Haus Nr. 11, 23769 Wenkendorf, ☎ 0 43 72/2 05.

Werner Marquardt, Süderstraße 24, 23769 Burg a. F.,
☎ 0 43 71/33 26 (mit Reparaturmöglichkeit).

Gert Müller, Dorfstraße 6, 23769 Avendorf,
☎ 0 43 71/33 81.

Horst Posoreck, Süderstraße 7, 23769 Burg a. F.,
☎ 0 43 71/10 79.

Vera Rahlf, Haus Nr. 2, 23769 Westermarkelsdorf,
☎ 0 43 72/3 81.

Liane Widder, Am Dorfteich 22, 23769 Kopendorf,
☎ 0 43 72/13 00.

Karl Wieske, An der Maikoppel 5, 23769 Landkirchen,
☎ 0 43 71/96 24.

Fehmarn:
Campingplatz Wulfener Hals,
☎ 0 43 71/5653.

Conny Ziemann, Breite Straße 46, 23769 Burg a. F.,
☎ 0 43 71/13 03.

Conny Ziemann, Strandallee 3, 23769 Burg a. F. ,
☎ 0 43 71/33 07.

Heiligenhafen:
Bennewitz, Markt 12,
☎ 0 43 62/60 50
(mit Reparaturmöglichkeit).

Busch, Am Sackenkamp 63,
☎ 0 43 62/68 48.

Höft, Thulboden 2a,
☎ 0 43 62/81 36.

Heidlas, Ferienpark,
☎ 0 43 62/72 99.

Großenbrode:
Heinos Fahrrad-Shop, Am Vogelberg 8,
☎ 0 43 67/81 33 (mit Reparaturmöglichkeit).

Reise, Teichstraße 13,
☎ 0 43 67/3 61.

Weißenhäuser Strand:
Ferienpark, Seestraße 1,
☎ 0 43 61/5 50.

Fremdenverkehrsvereine

Fremdenverkehrsverband Schleswig-Holstein e.V.
Niemannsweg 31, 24105 Kiel,
☎ 04 31/5 60 01 00, Fax 5 60 01 40, T-Online *2 34 56#

Fremdenverkehrsgemeinschaft Holsteinische Schweiz e.V.
Postfach 210, 23711 Malente-Gremsmühlen,
☎ 0 45 23/23 56-0, Fax 62 21

Ostseebäderverband Schleswig-Holstein e.V.
Vorderreihe 57, 23570 Lübeck-Travemünde,
☎ 0 45 02/68 63 u. 42 22, Fax 42 34

Fundbüro

Großenbrode:
Rathaus, Teichstraße 12,
☎ 0 43 67/99 71 24.

Fehmarn:
Rathaus/ Zi. 5, Am Markt 1,
23769 Burg a. F.,
☎ 0 43 71/5 06 36.

Heiligenhafen:
Stadtverwaltung, Rathaus,
Markt 4, Zimmer 103,
☎ 0 43 62/5 00 52.

Oldenburg:
Rathaus, Markt 1,
☎ 0 43 61/49 80.

Schönwalde:
Am Ruhsal, ☎ 0 45 28/14 34.

Jugendherbergen

Der DJH Landesverband Nordmark, Rennbahnstraße 100, 22111 Hamburg, ☎ 0 40/6 55 99 50, Fax 65 59 94 44 gibt eine Aufstellung der Jugendherbergen aus seinem Verbandsbereich mit Preisinformationen und Aufnahmevoraussetzungen heraus.

Fehmarn:
Mathildenstraße 34, 23769 Burg a. F., ☎ 0 43 71/21 50.

Großenbrode:
„Ole School“, Eichenthaler Weg 2, 23775 Großenbrode,
☎ 0 43 62/29 29.

Oldenburg:
Göhlerstraße 58a, 23758 Oldenburg i. H.,
☎ 0 43 61/76 70.

Schönwalde:
Am Ruhsal 1, 23744 Schönwalde am Bungsberg,
☎ 0 45 28/2 06.

Kino

Fehmarn:
Burg (Verzehrkino): Programmansage ☎ 0 43 71/95 55.

Heiligenhafen:
Im Ferienpark ☎ 0 43 62/83 00.

Kuranwendungen

Fehmarn:
Burg a. F. ist anerkanntes Ostseeheilbad. Als ortsgebundenes Kurmittel wird ausschließlich im Kurmittelhaus am Südstrand die Meerwasser-Therapie (Meerwasser-Bewegungsbad, Wannenbäder und Inhalationen) im Rahmen einer offenen Badekur angewandt und verabreicht. Darüber hinaus werden im Kurmittelhaus auch andere Kuranwendungen im Rahmen einer offenen Badekur mit einfachem Rezept vorgenommen. Auskünfte hierzu erteilt die Kurverwaltung Burg.

Minigolf

Fehmarn:
Konrad Ziemann; im Wäldchen am Südstrand (Burgtiefe), neben dem Parkplatz vor dem Voss-Haus, ☎ 0 43 71/ 13 03. Im Sommer täglich zwischen 10 und 22 Uhr geöffnet.
Campingplatz Wallnau,
☎ 0 43 72/4 56.

Am Altenteiler Strand (Restaurant Deichgraf),
☎ 0 43 72/10 87.

Heiligenhafen:
Freizeitanlagen an der Promenade und im Ferienzentrum.

Großenbrode:
Direkt am Südstrand,
☎ 0 43 67/2 10.

Museen

Fehmarn:
Museum Katharinenhof
23769 Katharinenhof a. F.,
☎ 0 43 71/12 30.
Die Sammlung besteht aus mechanischem Spielzeug, Musikspielgeräten, Kutschen, Schlitten, bäuerlichen Gerätschaften, Backhaus und Rauchkate, Töpferei, Weberei sowie Buchdruckerei. Täglich geöffnet von 11 bis 13 und 14 bis 17 Uhr.

Ernst-Ludwig-Kirchner-Haus
Bahnhofstraße 47, 23769 Burg a. F., ☎ 0 43 71/5 06 44.
Kirchner-Dokumentation, die im Rahmen einer Dauerausstellung in der Burger Stadtbücherei gezeigt wird. Die Öffnungszeiten richten sich nach denen der Stadtbücherei, die sich im selben Haus befindet: Mo. bis Fr. von 9.30 bis 12 Uhr, (außer Mi.) 14.30 bis 18.30 Uhr.

Mühlen- und Landwirtschaftsmuseum Lemkenhafen
Mühlenweg, 23769 Lemkenhafen; Auskunft: Museumsleiter Herr Maas, ☎ 0 43 71/96 27; Museumsbetreuer Herr Maichrzack, ☎ 0 43 72/18 18 oder 1894.
Öffnungszeiten: 1. Mai bis

30. September: außer Mi. 10 bis 17 Uhr; im Oktober nur Mittwoch; Gruppen nach rechtzeitiger vorheriger Anmeldung auch zu anderen Zeiten.

Peter-Wiepert-Heimatmuseum
Breite Straße 49–51, 23769 Burg a. F. (neben der St.-Nikolai-Kirche), ☎ 0 43 71/62 57 oder 96 27 (= Privatnummer).
Die Sammlung wird ausführlich auf Seite 62 beschrieben. Geöffnet Juni bis September Mo.–Sa. 10–17 Uhr; Oktober Mi.. und Sa. 11–17 Uhr; in den Wintermonaten für Gruppen nach Vereinbarung

Heiligenhafen:
Heimatmuseum
Thulboden 11a, 23774 Heiligenhafen, ☎ 0 43 62/38 76.
Die Sammlung ist auf Seite 117 beschrieben. Öffnungszeiten: Di. bis Fr. 10–12 und 14–17 Uhr, Sa. 10–12 Uhr, So. und Feiertage 14-17 Uhr; in den Sommermonaten Sonderausstellungen

St.-Katharinen-Kirche Großenbrode
23775 Großenbrode,
☎ 0 43 67/3 21.
Der frühgotische Backsteinbau, zum Teil auch aus Feldsteinen gebaut, beherbergt eine sehenswerte Innenausstattung.

Wallmuseum Oldenburg
Prof.-Struve-Weg,
☎ 0 43 61/26 74 oder
☎ 0 43 61/4 98 28.
Öffnungszeiten im Sommer: Di. bis So. 10 bis 17 Uhr. Führungen ganzjährig nach vorheriger Vereinbarung. Die Sammlung ist auf S. 140-142 beschrieben.

Weißenhäuser Strand:
Dorfmuseum Schönwalde
Am Dorfteich, ☎ 0 45 28/7 37.
Die Sammlung ist auf Seite 172/173 beschrieben. Öffnungszeiten: 15. Mai bis 30. September, Di., Fr. 16 bis 18 Uhr; 1. Juli bis 31. August auch So. 16 bis 18 Uhr.

Torhaus-Galerie Gut Panker
☎ 0 45 28/66 86, Fax: 47 56.
24321 Panker
In der renommierten Torhaus-Galerie finden regelmäßig Kunstausstellungen statt, deren Besuch sich lohnt-

Notfallnummern

Fehmarn:
Krankenwagen ☎ 1 92 22.
Krankenhaus Burg
☎ 0 43 71/50 40.
Polizei ☎ 0 43 71/30 83 und 30 84.

Heiligenhafen:
Krankenwagen ☎ 1 92 22.
Kreiskrankenhaus Oldenburg, Mühlenkamp 5,
☎ 0 43 61/49 40

Weißenhäuser Strand:
Krankenwagen ☎ 1 92 22

Ponyhöfe

Fehmarn:
Campingplatz Wallnau, 23769 Wallnau, ☎ 0 43 72/4 56.

Erich Bumann, 23769 Gollendorf, ☎ 0 43 72/31 27.

Hof Clausen, 23769 Sahrensdorf, ☎ 0 43 71/31 39.

Insel-Pony- und Reiterhof Schimpf, Haus Nr. 6, 23769 Gollendorf, ☎ 0 43 72/13 98.

Leonore Rießen, Haus Nr. 16, 23769 Presen,
☎ 0 43 71/32 87.

Volker Riechey, Campingplatz Wulfener Hals,
☎ 0 43 71/56 53.

Heiligenhafen:
Pony Ranch, Steinwarder, 23774 Heiligenhafen,
☎ 0 43 62/5 00 89.

Postämter

Fehmarn:
Burg: Bahnhofstraße 34,
☎ 0 43 71/30 72.

Landkirchen: Meisterstraße 16,
☎ 0 43 71/33 90.

Petersdorf: Bojendorfer Weg,
☎ 0 43 72/3 20.

Puttgarden: Fährbahnhof,
☎ 0 43 71/21 56.

Heiligenhafen:
Hafenstraße 19
☎ 0 43 62/66 98.

Großenbrode:
Hinter den Höfen 14,
☎ 0 43 67/2 71.

Schwimmen

Fehmarn (Burg):
Meerwasser-Wellen-Hallenbad, ganztägig, ☎ 0 43 71/50 05 40.

Großenbrode:
Meerwasser-Bewegungsbad (Kurmittelhaus), ganztägig,
☎ 0 43 62/5 60.

Heiligenhafen:
Hallen-Meerwasser-Brandungsbad, Mo. 14–20, Mi.–Fr. 8–20 Uhr,
Sa. 13-19, So. 8–14 Uhr, Di. geschlossen, ☎ 0 43 62/12 91.

Hohwacht:
Beheiztes Meerwasser-Brandungs-Freibad (auch Kurverwaltung), ☎ 0 43 81/70 85.

Weißenhäuser Strand:
Subtropisches Badeparadies im Ferienpark (Dünenpassage), ☎ 0 43 61/55 27 61.
Ganzjährig täglich geöffnet von 9.30–20.30 Uhr.

Seetörn

Bei Kapitän Jürgen Boos an Bord heißt es Anpacken und Zuhören. Auf der zweistündigen Fahrt ab Burgstaaken wird Interessantes über die Insel, Natur und Umwelt geboten. Anmeldungen von 9 bis 17 Uhr unter ☎ 0 43 71/95 25 oder direkt am Steg der „Onkel Charly“ neben der „Seetouristik“.

Surfreviere auf Fehmarn

Strukkamphuk: Stehrevier, gutes Revier bei West- und Südwestwind, Zugang über Campingplatz, Könnensstufe 1–4.

Gold: Ideales Übungsrevier, maximale Wassertiefe 1,5 Meter, gut bei allen westlichen Winden, Könnensstufe 1–4, außerhalb der Bucht bis Stufe 3.

Westerbergen und Lemkenhafen:
Sehr flaches Anfängerrevier, wenig Parkmöglichkeiten, ideal bei allen westlichen Winden, Könnensstufe 1–3.

Orth: Weiterer Zugang zur Orther Reede, gut bei Süd- und Westwind. Parkplatz 800 Meter vom Wasser entfernt, Könnensstufe 1–3.

Püttsee: Gutes Übungsrevier für Welleneinsteiger, bei südwestlichen Winden kleine Wellen durch vorgelagerte Sandbank, Zugang nur über Privatparkplatz möglich, Könnensstufe 3–5.

Bojendorf: Brandungsrevier mit Kiesstrand, beste Bedingungen bei West- und Nordwestwind, großer Parkplatz direkt am Wasser, Könnensstufe 3–5.

Westermarkelsdorf: Hohe Brandung vor allem bei Nordwestwind, kleiner Parkplatz direkt hinter dem Deich, vereinzelt große Steine im Wasser, Könnensstufe 3–5.

Altenteil: Bei West- und Nordwestwind bestes und anspruchsvollstes Brandungsrevier Fehmarns, leichte Strömung, nur für Experten, Zugang über zwei Campingplätze und öffentlichen Parkplatz möglich, Könnensstufe 4–6.

Grüner Brink: Kleine Welle bei Ost- und Nordostwind, die ersten 800 Meter hüfttief, ausreichend Parkplätze ca. 150 Meter vom Wasser entfernt, Könnensstufe 3–5.

Burgtiefe: Surfschneise am Südstrand, mäßige Brandung außer bei nördlichen Winden, gute Parkmöglichkeiten, Könnensstufe 1–3.

Burger Binnensee: Weiteres Stehrevier, gut bei östlichen Winden, bei Südwind teilweise Wassermangel und sehr flach, Zugang über Campingplatz und über Strandallee nördlich von Burgtiefe möglich, Könnensstufe 1–3.

Mirarmar: Bei Ost- und Westwinden für Einsteiger ins Brandungssurfen, im Fehmarnsund starke Strömung und Fahrwasser beachten, Zugang über Campingplatz, Könnensstufe 3–5.

Umweltbewußte Gastgeber

Die Vergabe der Plakette „Der umweltbewußte Gastgeber“ vom Deutschen Hotel- und Gaststättenverbands (DEHOGA) ist an strenge Richtlinien im Sinne des Naturschutzes und der Müllvermeidung gebunden. Gäste, die Gastfreundschaft in einem umweltfreundlichen Haus erleben, können sicher sein, daß sie einen Beitrag zur Vermeidung von Abfall leisten. Das fängt beim Frühstück an: zum Beispiel keine Konfitüre und Kaffeesahne in Einwegverpackungen, sondern aus dem Glas bzw. aus dem Kännchen. Auch „hinter den Kulissen“ stimmt fast alles, von der energiesparenden Beleuchtung bis zur geordneten Abwasserentsorgung.

Umweltrat der Insel Fehmarn

Geschäftsstelle Amt Fehmarn, Bahnhofstraße 5, 23769 Burg a. F., ☎ 0 43 71/5 08 54.
Der Umweltrat ist Ansprechpartner für alle Natur- und Umweltbelange auf Fehmarn. Ferner ist er Herausgeber einiger sehr interessanter Broschüren und Faltblätter, die bei der Geschäftsstelle oder der Insel-Information in Burg gegen eine geringe Schutzgebühr erhältlich

sind. Hier ist vor allem der Naturführer (3.– DM) zu nennen.

Wetterbericht

Auch in der Hochsaison (Juni, Juli, August) muß mit unbeständiger Witterung gerechnet werden, da stabile Hochdruckwetterlagen in diesem Zeitraum eher die Ausnahme als die Regel sind. Anorak und Gummistiefel sollten im Reisegepäck nicht fehlen. Unter ☎ 0 43 71/44 40 (Urlauberinformationsdienst) gibt es von April bis Oktober täglich den aktuellen Wetterbericht für Fehmarn. In Heiligenhafen findet man den Aushang des Wetterberichts am Hafenamt. Die Nummer des Wetteransagedienstes Schleswig-Holsteins und Hamburgs lautet: ☎ 0 4 31/11 64 03.

Yachthäfen

Fehmarn:
Burgtiefe, Hafenmeister Herr Utech, ☎ 0 43 71/50 05 60.

Fehmarnsund, Hafenmeister Herr Beelitz, ☎ 0 43 71/67 13.

Burgstaaken, Hafenmeister Herr Schulz, ☎ 0 43 71/33 38.

Orth, Hafenmeister Herr Delfskamp, ☎ 0 43 72/1 28 20.

Lemkenhafen, Hafenmeister Herr Reineke, ☎ 0 43 72/95 49.

Heiligenhafen:
Hafenmeister Herr Pfeiffer, ☎ 0 43 62/5 00 72.

Barthel, P. H. (1995): Vögel an Strand und Küste. Franckh-Kosmos, Stuttgart.
Christensen, E. & J. Westdörp (1979): Flora von Fehmarn. Mitt. AG Geobotanik in Schleswig-Holstein und Hamburg, Kiel.
Dittrich, K. & M. Pasdzior (1993): Holsteinische Schweiz und Ostseeküste. Ellert & Richter, Hamburg.
Duphorn, K., Kliewe, H., Niedermeyer, R.–O., Janke, W. & F. (1995): Die deutsche Ostseeküste. Sammlung Geologischer Führer, Bd. 88., Gebrüder Bornträger, Berlin, Stuttgart.
Entwicklungsgesellschaft Ostholstein mbH (Hrsg.): Radwanderführer Ostholstein und Umgebung ([3]1993). Eutin.
Gehrke, R. (1984): Zwischen Lübecker und Hohwachter Bucht. Hansen & Hansen, Münsterdorf.
Haupka & Co. (Hrsg.) (1995): Ostseeküsten-Radweg. Haupka & Co., Bad Soden/Ts.
Koch, J. H. & H.-J. Löwer (1993): Schleswig-Holstein. Edition Erde, Nürnberg.
Meier, G. (1988): Die Vogelfluglinie und ihre Schiffe. Koehler, Herford.
Meier, O. G. (Hrsg.) (1988): Die Naturschutzgebiete in Ostholstein und Lübeck. Boysen & Co., Heide.
Rohde, H. (1984): Das Fehmarnhaus und sein Dorf. Wachholtz, Neumünster.
Rohkohl, O. (1992): Das kleine Heiligenhafenbuch. LN-Druck. Lübeck.
Schmidtke, K.-D. (1986): Berge in Schleswig-Holstein. Husum, Husum.
Schmidtke, K.-D. (1992): Fehmarn. Bilder Grüße aus Schleswig-Holstein. Wachholtz, Neumünster.
Schmidtke, K.-D. (1992): Die Entstehung Schleswig-Holsteins. Wachholtz, Neumünster.
Schröter, Jan (1992): Fehmarn. Ein illustriertes Reisehandbuch. Edition Temmen. Bremen.
Schumann, W. (1982): Steine und Mineralien. BLV, München.
Smed, P. & J. Ehlers (1994): Steine aus dem Norden. Geschiebe als Zeugen der Eiszeit in Norddeutschland. Borntraeger, Berlin, Stuttgart.
Wiepert, P. (1971): Fehmarn – Die Krone im blauen Meer. Wachholtz, Neumünster.
Zölitz, R. (1989): Landschaftsgeschichtliche Exkursionsziele in Schleswig-Holstein. Wachholtz, Neumünster.

Karten sind erhältlich im Buchhandel oder durch das Landesvermessungsamt Schleswig-Holstein, Mercatorstraße 1, 24106 Kiel,
☎ 04 31/38 30.

Ostseeküsten-Radweg 1:75.000; Haupka & Co. (Hrsg.) (1995): Ostseeküsten-Radweg. Haupka & Co., Bad Soden/Ts.
Kreis Ostholstein, 1:100.000; Landesvermessungsamt Schleswig-Holstein, Kiel.
Insel Fehmarn 1:30.000; Landesvermessungsamt Schleswig-Holstein, Kiel.
Wandern und Erholen im Kreis Ostholstein – Blatt Nord, 1:50.000
Landesvermessungsamt Schleswig-Holstein, Kiel.
Kompass Wanderkarte Fehmarn/Oldenburg Nr. 716, 1:50.000, Starnberg.
Wanderkarte Naturpark Holsteinische Schweiz 1:25.000, Karte 3. Naturpark Holsteinische Schweiz e. V., Malente.
Rad- und Wanderkarte 1:50.000 Naturpark Holsteinische Schweiz. Mit Sonderkarte Fehmarn. RV Verlag, Berlin.

Bildnachweis

Titelabbildung: Surfer vor der Fehmarnsundbrücke
Ottmar Heinze, Hamburg: S. 36/37, 40
Hans Joachim Kürtz, Heikendorf: S. 11
Kurbetrieb, Burg auf Fehmarn: S. 23 u., 25 u., 44, 99 o. + u.
Buchhandlung Niederlechner, Burg auf Fehmarn: S. 67
Prof. E. Opitz/R. Scheiblich, Universität der Bundeswehr Hamburg, Hamburg: S. 138 o. + u.

alle anderen Fotos: Frank Thamm, Bosau

Text und Bildlegenden: Frank Thamm, Bosau
Karten: machART, Hamburg
Kartenklappe vorn und hinten: Kreis Ostholstein, Amt für Kreisentwicklung, Eutin
Gestaltung: nach Entwürfen von Hartmut Brückner, Bremen
Satz: KCS GmbH, Buchholz/Hamburg
Lithographie: Lithotec Oltmanns, Hamburg
Druck: C. H. Wäser, Bad Segeberg
Bindung: Buchbinderei Büge, Celle

Die Deutsche Bibliothek – CIP-Einheitsaufnahme

Thamm, Frank:
Fehmarn, Heiligenhafen und Hohwachter Bucht / Frank Thamm. –
Hamburg : Ellert und Richter, 1996
(Ellert-&-Richter-Reiseführer)
ISBN 3-89234-634-8

Alle Angaben in diesem Reiseführer sind mit Sorgfalt zusammengestellt worden, jedoch ohne jegliche Gewähr. Redaktionelle Angaben: Stand Januar 1996. Wenn Sie Ergänzungs- und Berichtigungsvorschläge haben, so können Sie sich direkt an den Verlag wenden oder an den Autor unter der E-mail-Adresse: frank t@pz-oekosys. uni-kiel. d 400.dc